Los Diez Esenciales de Aranzadi sobre el Proceso Laboral

Colección dirigida por
ANTONIO V. SEMPERE NAVARRO

MODALIDADES PROCESALES: TUTELA DE DERECHOS FUNDAMENTALES Y PROCESOS DE ÍNDOLE COLECTIVA (CONFLICTOS, CONVENIOS)

ALBERTO NOVOA MENDOZA
RUBÉN GONZÁLEZ RODRÍGUEZ

MODALIDADES PROCESALES: TUTELA DE DERECHOS FUNDAMENTALES Y PROCESOS DE ÍNDOLE COLECTIVA (CONFLICTOS, CONVENIOS)

⫼ARANZADI

© **Antonio V. Sempere Navarro (Dir.) y otros 2024**
© **Editorial Aranzadi, S.A.U.**

Editorial Aranzadi, S.A.U.
C/ Collado Mediano, 9
28231 Las Rozas (Madrid)
Tel: 91 602 01 82
e-mail: clienteslaley@aranzadilaley.es
https://www.aranzadilaley.es/aranzadi

Primera edición: 2024
Depósito Legal: M-25789-2024
ISBN versión impresa: 978-84-1078-392-8
ISBN versión electrónica: 978-84-1078-393-5

Diseño, Preimpresión e Impresión: Editorial Aranzadi, S.A.U.
Printed in Spain

Sumario

I

PROCEDIMIENTO DE CONFLICTO COLECTIVO

11

II

PROCEDIMIENTO DE IMPUGNACIÓN DE CONVENIOS COLECTIVOS

III

PROCESO DE TUTELA DE DERECHOS
FUNDAMENTALES Y LIBERTADES PÚBLICAS

Introducción

En la constante evolución del mundo laboral, los operadores jurídicos se enfrentan a un panorama dinámico y desafiante.

La presente obra, se erige como una herramienta indispensable en este entorno, proporcionando claridad y dirección a través de sus tres pilares fundamentales: el conflicto colectivo, la impugnación de convenios colectivos y la tutela de derechos fundamentales.

La colección en la que se inserta la presente obra no es meramente teórica; es una guía pragmática diseñada para navegar por las aguas a menudo turbulentas del Derecho Procesal Laboral. Cada volumen está meticulosamente estructurado en un formato de pregunta y respuesta, permitiendo a los lectores encontrar soluciones concretas y aplicables a los casos más complejos que puedan surgir en su práctica diaria.

El conflicto colectivo, con su potencial para influir en la estructura y la economía de las relaciones laborales, requiere de un análisis detallado y una comprensión profunda para su adecuada resolución. La impugnación de convenios colectivos, por otro lado, es un terreno donde la precisión y la estrategia legal son cruciales para la defensa de los intereses colectivos. Finalmente, la tutela de derechos fundamentales es el baluarte que asegura la dignidad y la justicia en el lugar de trabajo.

Cada capítulo de esta obra es un reflejo de la realidad procesal laboral, ofreciendo no solo respuestas, sino también fomentando la reflexión crítica y el debate constructivo. Es una invitación a profundizar en el estudio del Derecho Procesal Laboral y a aplicar estos conocimientos con confianza y eficacia.

El primer capítulo aborda la modalidad procedimental del conflicto colectivo, una herramienta esencial en la resolución de disputas laborales a gran escala. Aquí, nos hemos basado en casos emblemáticos y estrategias de litigación, proporcionando un marco para entender las dinámicas de poder y los mecanismos de conciliación. Este capítulo es crucial para comprender cómo los conflictos colectivos pueden ser manejados eficazmente para evitar escaladas y encontrar soluciones equitativas.

El procedimiento de conflicto colectivo es una de las modalidades procedimentales más complejas dentro del Derecho Procesal Laboral. Su complejidad radica en la multiplicidad de intereses, la diversidad de las partes involucradas y la variedad de normativas aplicables. Este procedimiento se convierte en el escenario donde se dirimen las diferencias entre personas trabajadoras y empleadoras o entre estas y los sindicatos, cuando los intereses colectivos están en juego.

El objeto del procedimiento de conflicto colectivo es proporcionar un marco legal para la resolución de desacuerdos que surgen en el contexto de las relaciones laborales colectivas. Estos pueden incluir disputas sobre interpretación, aplicación o cumplimiento de los convenios colectivos, así como controversias relacionadas con los derechos económicos, laborales, sindicales o de representación colectiva.

En el segundo capítulo, nos centramos en la impugnación de convenios colectivos. A través de un análisis detallado de la jurisprudencia y la legislación aplicable, ofrecemos una guía práctica para navegar por este complejo procedimiento. Se encontrarán las tácticas procesales y se descubrirán las implicaciones de los convenios colectivos en diferentes sectores, brindando al lector las herramientas necesarias para abordar estos casos con confianza y precisión.

La impugnación de convenios colectivos es una de las modalidades procesales más técnicas y especializadas del Derecho Procesal Laboral. Su importancia radica en la necesidad de proteger los derechos de las personas trabajadoras y asegurar que los convenios colectivos cumplan con la legislación vigente y los principios de justicia laboral.

La rapidez y agilidad en la comprensión de este procedimiento son fundamentales por varias razones:

- Eficiencia Procesal: Un sistema rápido permite resolver las disputas en un tiempo razonable, evitando el estancamiento y la prolongación innecesaria de los conflictos laborales.

- Seguridad Jurídica: Una comprensión ágil facilita la aplicación correcta de la ley, proporcionando seguridad jurídica a todas las partes involucradas.

- Protección de Derechos: La capacidad de actuar con prontitud es crucial para la protección efectiva de los derechos de las personas trabajadoras, especialmente cuando estos están en riesgo.

- Dinamismo del Mercado Laboral: El mercado laboral está en constante cambio, y un sistema de comprensión eficiente permite adaptarse rápidamente a nuevas situaciones y regulaciones.

Pues bien, precisamente en este libro encontrará el lector ese sistema de comprensión ágil pero a su vez profundo y práctico.

Finalmente, en el tercer capítulo hallarán una exploración profunda de la tutela de derechos fundamentales en el ámbito procesal laboral.

A través de preguntas y respuestas ágiles y concretas el lector podrá descubrir las importantes herramientas que el proceso laboral ofrece para la tutela de los más elementales y básicos derechos de las personas en el marco de las relaciones laborales.

Se aportan referencias jurisprudenciales que aportan las tendencias actuales en la materia, subrayando la relevancia de esta modalidad procedimental en la promoción de un entorno laboral justo y respetuoso.

Dominar la modalidad procesal de tutela de derechos fundamentales es esencial para cualquier profesional del Derecho Procesal Laboral por varias razones clave:

- Protección de las personas trabajadoras: La tutela de derechos fundamentales permite proteger los derechos de las personas trabajadoras frente a posibles abusos o vulneraciones. Esto es crucial en el ámbito laboral, donde el equilibrio de poder puede inclinarse hacia la persona empleadora.

- Cumplimiento de la legislación: Los profesionales deben estar al tanto de las normativas vigentes para garantizar que las empresas cumplan con las leyes laborales y respeten los derechos de sus personas empleadas.

- Resolución de conflictos: La habilidad para manejar procedimientos de tutela facilita la resolución de conflictos laborales de manera efectiva, asegurando que se respeten los derechos fundamentales de las partes involucradas.

- Reputación profesional: Un abogado laboralista con conocimientos sólidos en la tutela de derechos fundamentales se posiciona como un experto confiable y ético, lo cual es beneficioso para su reputación y práctica profesional.

- Actualización constante: El Derecho Laboral es una disciplina dinámica con cambios legislativos frecuentes. Dominar la tutela de derechos fundamentales implica mantenerse actualizado y adaptarse a nuevas jurisprudencias y doctrinas.

En resumen, la tutela de derechos fundamentales es una herramienta poderosa en manos de los profesionales del Derecho Laboral, permitiéndoles defender la justicia y la equidad en el ambiente de trabajo.

En definitiva, cada capítulo de esta obra está diseñado para ser una referencia esencial, proporcionando conocimientos prácticos y teóricos que son fundamentales para el ejercicio del Derecho Laboral.

En la culminación de esta introducción, nos complace presentarles una obra que es el fruto de un esfuerzo meticuloso y una dedicación inquebrantable al estudio del Derecho Procesal Laboral.

Este libro, estructurado en un formato dinámico de preguntas y respuestas, está diseñado para ser una herramienta ágil y práctica que ilumine las complejidades de las modalidades procedimentales del conflicto colectivo, de la impugnación de convenios colectivos y, sobre todo, de la tutela de derechos fundamentales.

Con cada página que pasen, esperamos que encuentren claridad, conocimiento y, en última instancia, una guía confiable que los acompañe en la noble tarea de defender la justicia en el ámbito laboral.

Que este libro sea no solo un testamento de rigor académico, sino también un compañero constante en su camino profesional, inspirándoles a alcanzar la excelencia y a forjar un futuro donde los derechos laborales sean respetados y promovidos con pasión y precisión.

A todos nuestros lectores, les extendemos nuestros mejores deseos de éxito y satisfacción en cada desafío que enfrenten y en cada victoria que celebren.

I

PROCEDIMIENTO DE CONFLICTO COLECTIVO

I

PROCEDIMIENTO
DE CONFLICTO COLECTIVO

A. OBJETO DEL PROCEDIMIENTO DE CONFLICTO COLECTIVO

¿Cuándo se entiende que un conflicto afecta a intereses generales de un grupo genérico de personas trabajadoras o a un colectivo genérico?

El artículo 153.1 de la LRJS establece que para que nos encontremos ante un conflicto colectivo, la pretensión debe afectar a los intereses generales de un grupo o colectivo genérico de personas trabajadoras, pero no define dicho concepto, de manera que ha sido la jurisprudencia quien ha interpretado dicho concepto jurídico indeterminado. En este sentido, se ha establecido que se deben dar los siguientes elementos[1]:

– Por un lado, un elemento subjetivo, que implica que el conflicto no afecta a una mera pluralidad o suma de personas trabajadoras, sino que el mismo afecta a un grupo estructurado de personas trabajadoras que se encuentran vinculadas por una serie de elementos de homogeneidad.

En relación con el cumplimiento de este requisito, se ha declarado por la jurisprudencia que nos encontramos ante un grupo genérico de trabajadores cuando el conflicto afecte a todas las personas trabajadoras de una empresa[2] o de un centro de trabajo, y se discute una determinada interpretación o aplicación de un convenio o acuerdo colectivo que regula las relaciones laborales relativas a dicho ámbito de aplicación.

---

1. Entre otras, la Sentencia del Tribunal Supremo (Sala de lo Social) de 4 de febrero de 2004, Rec. 98/2003 (RJ 2004, 2195).
2. Sentencia del Tribunal Supremo (Sala de lo Social) de 10 de junio de 2008, Rec. 139/2005 (RJ 2008, 4446).

Igualmente, el colectivo de personas trabajadoras puede ser más reducido, y no abarcar necesariamente a todas las personas trabajadoras de una empresa o de un centro de trabajo, sino que puede referirse a áreas, departamentos, grupos o categorías profesionales, grupo de personas trabajadoras que tienen una misma modalidad contractual, o una condición laboral o económica particular, etc.

Así, se ha considerado que existe un grupo genérico de personas trabajadoras en aquellos supuestos en los que se reclama una determinada aplicación o interpretación de una norma legal o convencional por parte de las personas trabajadoras adscritas a un grupo profesional de un convenio colectivo[3], o en el caso de que se reclama por parte de las personas trabajadoras que prestan servicios en el interior de las cámaras frigoríficas de la subsección de congelados, al tratarse de una condición particular del régimen de prestación de servicios que convierte a un colectivo de personas trabajadores en un grupo homogéneo para determinadas reclamaciones[4].

– Por otro lado, un elemento objetivo, que requiere que exista un interés general que actúa a través del conflicto, y que conlleva que se trate de un interés indivisible que corresponde al grupo en su conjunto, de manera que no es susceptible de fraccionamiento entre sus miembros.

2 ¿Cualquier conflicto que afecte a una pluralidad de personas trabajadoras tiene carácter colectivo?

No, el simple hecho de que un conflicto pueda afectar a una pluralidad de personas trabajadoras o a una suma de ellas no es suficiente

---

3. Sentencia del Tribunal Supremo (Sala de lo Social) de 7 de abril de 2003, Rec. 148/2002 (RJ 2003, 5762).

4. Sentencia del Tribunal Supremo (Sala de lo Social) de 15 de diciembre de 2004, Rec. 115/2003 (RJ 2005, 2410).

para que nos encontremos ante un conflicto que se pueda calificar como colectivo, sino que estamos ante un conflicto plural.

Así, tal y como se recoge en la respuesta anterior, se ha establecido que es necesario que, además de la pluralidad de personas trabajadoras, exista un elemento de homogeneidad entre dicho colectivo, como podría ser el hecho de que se trate de un conflicto que afecta a un gran número de personas trabajadoras que tengan en común la ubicación en la que prestan sus servicios, el área funcional a la que están adscritas o la categoría profesional concreta, que conlleve que nos encontremos ante un conflicto que afecte a un grupo o colectivo genérico de personas trabajadoras[5]. Por lo tanto, el elemento cuantitativo no es un requisito que por sí solo pueda ser considerado para calificar un conflicto colectivo, ni hay una referencia numérica que convierta a un grupo de personas trabajadoras en una cifra suficiente para que el conflicto se califique como colectivo.

En este sentido, en un supuesto en el que se pretende mediante demanda de carácter colectivo que se devuelvan determinadas diferencias salariales a las personas trabajadoras que se vieron afectadas por una reducción de jornada, que luego se anuló, no se ha considerado adecuado el proceso conflicto colectivo, sino una controversia que se debe reconducir al proceso individual, o plural si es que los demandantes o parte de los demandantes quieren acumular sus reclamaciones, ya que era necesario atender a la jornada que tenía cada una de las personas trabajadoras para determinar la retribución concreta aplicable a cada una de ellas, de manera que las circunstancias particulares de los individuos no permitían identificar al colectivo de personas trabajadoras como un grupo genérico a efectos de la modalidad procesal de conflicto colectivo[6].

---

5.   Sentencia del Tribunal Supremo (Sala de lo Social) n.º 919/2021, de 21 de septiembre de 2021, Rec. 834/2020 (RJ 2021, 4134).

6.   Sentencia del Tribunal Supremo (Sala de lo Social) de 7 de octubre de 2015, Rec. 247/2014 (RJ 2016, 3224).

3   ¿A quién corresponde la carga de probar la adecuación al procedimiento de conflicto colectivo?

La carga de probar la adecuación del procedimiento de conflicto colectivo corresponde a la parte actora, ya que la alegación del carácter colectivo del conflicto que afecta a intereses generales es una condición inherente a la propia acción de conflicto colectivo, de manera que, conforme al artículo 217 de la LEC, la carga de probar que el conflicto tiene naturaleza colectiva es de la parte actora.

Sin embargo, no existe un requisito previo en el procedimiento de conflicto colectivo que exija que la parte actora tenga que acreditar siempre la naturaleza colectiva del conflicto, de manera que, si no se discute por las partes demandadas, y con la excepción que se realizará a continuación en la siguiente cuestión, se podría resolver la cuestión planteada sin que se haya acreditado que el conflicto tiene naturaleza colectiva.

Por lo tanto, la carga de la prueba es de la parte actora, siempre y cuando se discuta la naturaleza colectiva del conflicto, ya sea por la parte demandada, o como se verá, por el juzgado o tribunal que resuelva el conflicto judicial.

4   ¿Es apreciable de oficio la inadecuación de procedimiento en el proceso de conflicto colectivo?

Sí, así lo ha entendido el Tribunal Supremo cuando ha establecido que la apreciación de la existencia de inadecuación del proceso de conflicto colectivo se puede realizar de oficio como consecuencia de que nos encontramos ante una cuestión de derecho necesario que afecta al orden público procesal[7].

Por lo tanto, no es necesario que se haya planteado por la parte demandada la excepción procesal de inadecuación de procedimiento

---

7.   Sentencia del Tribunal Supremo (Sala de lo Social) de 21 de diciembre de 2021, Rec. 79/2020 (RJ 2022, 223).

para que se declare la misma por parte del juzgado o tribunal que resuelva.

Es más, aunque no se haya planteado en la instancia, ni tampoco como motivo de recurso en el recurso de suplicación, de casación ordinaria o de casación para la unificación de doctrina, se puede apreciar de oficio por el tribunal que resuelva cualquiera de los recursos anteriores.

Es cierto que la determinación de la inadecuación de procedimiento no es apreciable de oficio en cualquier modalidad procesal de las contempladas en la LRJS, pero en el caso del conflicto colectivo sí, como consecuencia de que esta declaración puede afectar incluso a la competencia objetiva del juzgado de lo social o tribunal que tiene que resolver, ya que en función de si el conflicto es individual o colectivo, y en su caso, el ámbito del mismo, puede ser competente un juzgado, un tribunal superior de justicia o la Audiencia Nacional, y por lo tanto, es fundamental que se realice un control judicial preciso de la naturaleza individual o colectiva del conflicto que se plantea ante los juzgados y tribunales.

En conclusión, la inadecuación de procedimiento es apreciable de oficio por cualquiera de los juzgados o tribunales que resuelvan la controversia, ya sea en fase de juicio o de recurso, sin necesidad de que haya sido planteada por ningún de las partes la posible inadecuación de procedimiento.

¿Es el procedimiento de conflicto colectivo el único adecuado para resolver problemas relativos a la aplicación e interpretación de una norma legal o convencional? 5

No, el conflicto colectivo no es el único procedimiento en el que con carácter exclusivo y excluyente se puede enjuiciar cómo se aplica o interpreta una norma legal o convencional, sino que, por ejemplo, en el proceso laboral ordinario que se regula en los artículos 80 y siguientes de la LRJS, ya sea a través de la reclamación de derechos, de cantidades, o de ambas pretensiones, de forma individual o plural, se puede determinar por el órgano judicial competente cómo se aplica una determinada norma legal o convencional si la misma tiene incidencia en la resolución del conflicto individual o plural planteado, con independencia de que la sentencia que se dicte no podrá tener, *per se*, efectos sobre un colectivo concreto de personas trabajadoras, ya que no se ha analizado el colectivo en su conjunto, sino los intereses individuales relativos a un supuesto muy concreto y particular de una persona o de una pluralidad de personas que han ejercido su derecho a la tutela judicial efectiva.

Así, el simple hecho de que una reclamación pudiera ser objeto de demanda de conflicto colectivo no conlleva que se trate de una pretensión que se pueda plantear de forma propia y exclusiva de un conflicto colectivo, sin perjuicio de que, como se verá posteriormente, el hecho de que se plantee una demanda de conflicto colectivo sí tiene efectos sobre las demandas de conflicto individual o plural que se planteen sobre la misma cuestión, y no sólo sobre la resolución del procedimiento, sino también sobre la tramitación del mismo, que se verá afectada por la existencia de un conflicto colectivo.

Además, en el caso de que la parte demandada estime que el conflicto tiene un carácter colectivo, y no individual o plural, puede plantear un conflicto de carácter colectivo para evitar que se plantee una multitud de conflictos jurídicos individuales y plurales con soluciones diversas que puedan afectar a la seguridad jurídica, tal y como se verá posteriormente, en aquellos casos en los que efectivamente existe una conflictividad real y no hipotética.

6   ¿Es el procedimiento de conflicto colectivo el adecuado para impugnar un despido colectivo?

No, aunque el despido colectivo es una medida que tiene una evidente naturaleza colectiva, ya que afecta a un colectivo de personas trabajadoras, que se ven afectadas por una misma medida, y por unas causas idénticas, por lo que están vinculados por un elemento claro de homogeneidad, se trata de una materia excluida del objeto del proceso de conflicto colectivo, ya que, como establece el artículo 153.1 de la LRJS, se debe tramitar por lo previsto en el artículo 124 de la LRJS que regula de forma específica la acción de impugnación de despidos colectivos con las especialidades propias del procedimiento.

En esa línea, se establecen sus reglas propias de legitimación activa y pasiva, competencia judicial, causas de impugnación, etc., sin que se apliquen, ni siquiera de forma supletoria, las reglas del procedimiento de conflicto colectivo.

¿Es el procedimiento de conflicto colectivo el adecuado para impugnar una medida colectiva de suspensiones de contratos de trabajo o de reducciones de jornada?

7

Sí, se trata de la modalidad procesal adecuada siempre que la medida de suspensión de contratos o reducciones de jornadas afecte a un número de personas trabajadoras que superen los umbrales previstos para la calificación de una medida como colectiva conforme a lo previsto en el artículo 51.1. del ET para calificar un despido como colectivo, ya que dicha medida se encuentra recogida de forma expresa por el artículo 153.1 de la LRJS entre las medidas objeto de conflicto colectivo.

Por tanto, para que se calificara la medida como colectiva, sería necesario que afectase a: (i) al menos 10 personas trabajadoras en empresas de hasta 100 personas trabajadoras (ii) un 10% de personas trabajadoras en empresas de entre 100 y 300 personas trabajadoras y (iii) 30 personas trabajadoras en empresas de más de 300 personas trabajadoras.

En este caso, debemos tener en cuenta que, a diferencia de la modificación sustancial de las condiciones de trabajo, la movilidad geográfica o el despido colectivo, en el caso de la suspensión de contratos de trabajo o de reducción de jornada por causas económicas, técnicas, organizativas y/o productivas, el procedimiento sustantivo para la tramitación de la medida no es diferente según el número de personas afectadas, sino que es el mismo, tal y como establece el artículo 47.3 del ET.

Sin perjuicio de ello, en materia procesal sí se exige que se superen dichos umbrales para que el procedimiento tenga el carácter de conflicto colectivo, y en caso contrario, se deberán plantear demandas individuales o plurales, conforme a las reglas previstas en el artículo 138 de la LRJS.

8   ¿Es el procedimiento de conflicto colectivo el adecuado para impugnar una medida de colectiva de modificación sustancial de las condiciones de trabajo o de movilidad geográfica?

Sí, se trata de la modalidad procesal adecuada siempre que la medida de modificación sustancial de las condiciones de trabajo o de movilidad geográfica afecte a un número de personas trabajadoras que superen los umbrales previstos para la calificación de un despido colectivo, ya que dicha medida se encuentra recogida de forma expresa por el artículo 153.1 de la LRJS entre las medidas objeto de conflicto colectivo.

En este sentido, tal y como ya se ha explicado en la cuestión anterior, y es idéntico para este supuesto, para que se calificara la medida como colectiva, sería necesario que afectase a: (i) al menos 10 personas trabajadoras en empresas de hasta 100 personas trabajadoras (ii) un 10% de personas trabajadoras en empresas de entre 100 y 300 personas trabajadoras y (iii) 30 personas trabajadoras en empresas de más de 300 personas trabajadoras.

En relación con el cómputo de los umbrales anteriores, debemos tener en cuenta que, aunque en el caso del despido colectivo los umbrales requieren un doble cómputo —primero a nivel de empresa, y después a nivel de centro de trabajo siempre que el centro de trabajo tenga al menos 20 personas trabajadoras— dicha metodología no es aplicable a supuestos distintos al despido colectivo[8].

---

8.   Sentencia del Tribunal Supremo (Sala de lo Social) de 12 de febrero de 2014, Rec. 64/2013 (RJ 2014, 1095).

No obstante lo anterior, existe doctrina judicial reciente que ha declarado que sí sería aplicable dicho cómputo al resto de medidas colectivas que utilizando como criterio las reglas previstas en el artículo 51.1 del ET para la calificación de la medida como individual o colectiva, por lo que se trata de una cuestión sobre la que se deberá actuar con cautela, ya que el debate judicial no está totalmente cerrado[9], e incluso se debería ser más cauteloso en aquellos casos en los que la medida se ha producido en el ámbito territorial concreto de un tribunal superior de justicia que ya haya interpretado que se debe realizar dicho doble cómputo como consecuencia de que no respetar el procedimiento legalmente previsto es causa de nulidad de la medida, tal y como establece el artículo 138.7 párrafo 4.º de la LRJS.

Además, se debe tener en cuenta que no sólo se puede impugnar la medida por parte de la representación legal unitaria o sindical de las personas trabajadoras, sino que, cuando exista un conflicto real y actual, derivado de la reclamación de un grupo de personas trabajadoras, aunque sea de forma individualizada, la jurisprudencia ha admitido la legitimación activa del empresario, a través de una acción de jactancia, para impugnar la medida y que se declare que la misma ha sido ajustada a derecho[10].

¿Es el procedimiento de conflicto colectivo el adecuado para impugnar un convenio o acuerdo colectivo?   **9**

No, aunque el artículo 153.2 de la LRJS establece que se tramitará por el proceso de conflicto colectivo, después realiza una remisión a su tramitación a través de la modalidad procesal específica regulada en los artículos 163 a 166 de la LRJS, por lo que, al igual que sucede

---

9.   Sentencia del Tribunal Superior de Justicia de Cantabria (Sala de lo Social) n.º 140/2020, de 17 de febrero de 2020, Rec. 972/2019 (JUR 2020, 104901) y Sentencia del Tribunal Superior de Justicia de Madrid (Sala de lo Social) n.º 612/2023, de 21 de junio de 2023, Rec. 281/2023 (JUR 2023, 304328).

10.   Sentencia del Tribunal Supremo (Sala de lo Social) n.º 996/2018, de 29 de noviembre de 2018, Rec. 207/2017 (RJ 2018, 5837).

con la impugnación del despido colectivo, aunque se trate de un conflicto de naturaleza colectiva, tiene una modalidad procesal propia de impugnación, con sus particularidades concretas.

Dicha modalidad procesal será tratada de forma detallada en la parte II de la presente obra.

Sin perjuicio de lo anterior, y aunque el procedimiento de impugnación de convenios colectivos sea la modalidad procesal adecuada para impugnar un convenio colectivo por entender que el mismo es ilegal sin necesidad de que el mismo se haya aplicado, también es posible plantear que determinados preceptos de un convenio colectivo no son ajustados a derecho mediante el procedimiento de conflicto colectivo en aquellos supuestos en los que la empresa adopte una medida en aplicación de un convenio colectivo, siempre y cuando no se solicite la declaración de nulidad del convenio colectivo, sino que se impugne la decisión de la empresa, tal y como se prevé en el artículo 163.4 de la LRJS[11].

10 **¿Es el procedimiento de conflicto colectivo el adecuado para reclamar cualquier tipo de conflicto colectivo?**

No, no cualquier conflicto que pueda afectar a un grupo genérico de personas trabajadoras tiene cabida en esta modalidad procedimental.

En este sentido, debemos tener en cuenta que la jurisprudencia ha distinguido desde antiguo entre conflictos jurídicos y conflictos de intereses, económicos o de regulación[12].

En esa línea, los conflictos jurídicos serían aquellos en los que existe una controversia respecto a la interpretación o aplicación de

---

11. Sentencia del Tribunal Supremo (Sala de lo Social) n.º 198/2020, de 3 de marzo de 2020, Rec. 115/2018 (RJ 2020, 997).

12. Entre otras, la Sentencia del Tribunal Supremo (Sala de lo Social) n.º 1086/2021, de 3 de noviembre de 2021, Rec. 31/2020 (RJ 2021, 5014).

una norma legal o convencional concreta que regula derechos y obligaciones vigentes, mientras que los conflictos de intereses son aquellos que pretenden precisamente la creación de una norma o acuerdo que no existe, o la modificación o sustitución de una norma o acuerdo existente.

Respecto a dichos tipos de conflictos los únicos que serían tutelables ante la Jurisdicción Social serían los de carácter jurídico, y no los de intereses, ya que, tal y como establece el propio artículo 153.1 de la LRJS, el objeto del proceso judicial de conflicto colectivo se limita a los litigios sobre aplicación o interpretación, y no a la creación o modificación de normas o acuerdos.

La creación o modificación de normas o acuerdos se debe llevar a cabo a través de los cauces legislativos o negociales que prevé nuestro orden constitucional y normativo, pero no a través del proceso laboral en ninguna de sus modalidades procesales.

Sin embargo, en aquellos supuestos en los que la reclamación se refiere a un conflicto de intereses, y no a un conflicto jurídico, tal y como ha establecido la jurisprudencia citada, no nos encontramos ante una inadecuación de procedimiento, falta de acción o falta de jurisdicción, sino ante una desestimación de la demanda[13].

¿Es el procedimiento de conflicto colectivo jurídico el adecuado para resolver cualquier tipo de conflicto colectivo que pueda surgir?   **11**

No, no cualquier conflicto colectivo, aunque tenga carácter jurídico, y no de intereses, puede ser planteado mediante el procedimiento de conflicto colectivo.

Así, para que la materia sea objeto del procedimiento de conflicto colectivo no es suficiente con que cumpla los dos requisitos anteriormente mencionados relativos a su afectación a un grupo genérico

---

13.   Sentencia del Tribunal Supremo (Sala de lo Social) n.º 1088/2020, de 9 de diciembre de 2020, Rec. 6/2019 (RJ 2020, 5602).

de personas trabajadoras y que tenga un interés general, sino que, además, debe ser una controversia real, y actual, no siendo suficiente con que tenga carácter hipotético.

En este sentido, la jurisprudencia ha establecido que los juzgados y tribunales no tienen como función emitir dictámenes o resolver las consultas que se puedan plantear, sino enjuiciar los conflictos individuales o colectivos que sean reales y actuales [14].

Sin embargo, en el caso de que no exista un conflicto real y actual, no estaríamos ante un supuesto de inadecuación del procedimiento de conflicto colectivo, ya que esto no es una particularidad concreta de dicha modalidad procesal, sino que estaríamos ante una falta de acción, siendo además la misma apreciable de oficio, sin necesidad de que sea planteada por las partes.

12   **¿Es el procedimiento de conflicto colectivo el adecuado para reclamar el ejercicio de los derechos de participación por parte de la representación legal de las personas trabajadoras?**

Sí, el conflicto colectivo es el adecuado para reclamar el ejercicio de los derechos de participación de la representación legal de las personas trabajadoras ya que, conforme a lo previsto de forma expresa en el artículo 153.3 de la LRJS, la impugnación de la decisión de la empresa de atribuir o de no comunicar determinadas informaciones se debe realizar a través del cauce del conflicto colectivo.

Igualmente, se tramitarán a través de dicha modalidad procesal los litigios relativos al incumplimiento de dichos sujetos, así como de los expertos que les asisten, del deber de sigilo que tiene respecto a la información remitida por parte de la empresa.

No obstante, en el caso de que la decisión de la empresa no se limite a un simple incumplimiento de legalidad ordinaria, se podría

---

14. Sentencia del Tribunal Supremo (Sala de lo Social) n.º 149/2017, de 22 de febrero de 2017, Rec. 120/2016 (RJ 2017, 1454).

plantear la acción mediante la modalidad procesal de tutela de derechos fundamentales regulado en los artículos 177 y siguientes de la LRJS.

¿Es el procedimiento de conflicto colectivo el adecuado para reclamar la aplicación de un convenio colectivo diferente al que se viene aplicando?   **13**

Sí, el proceso de conflicto colectivo es la modalidad procesal adecuada para reclamar que se aplique un convenio colectivo diferente al que se está aplicando en el momento de interponer la demanda[15], siempre que exista un conflicto colectivo real, y no meramente hipotético, ya que se trata de un conflicto de índole jurídica, y no de un mero conflicto de intereses, en el que hay que interpretar los ámbitos funcionales de los convenios colectivos en liza para poder determinar cuál es el aplicable, y además, afecta a todas las personas trabajadoras actuales y a las futuras de una empresa, centro de trabajo o unidad productiva autónoma, de manera que tiene carácter de conflicto colectivo, y por tanto, se adecua al ámbito de aplicación del conflicto colectivo recogida en el artículo 153.1 de la LRJS.

¿Es el procedimiento de conflicto colectivo el adecuado para reclamar la aplicación de un plus de peligrosidad, toxicidad o penosidad?   **14**

Con carácter general, el proceso de conflicto colectivo no es el adecuado para reclamar la aplicación de un plus de peligrosidad, toxicidad o penosidad como consecuencia de que no se puede realizar una valoración general de las condiciones o requisitos del puesto de trabajo desempeñado, sino que debe ser individualizada para cada puesto de trabajo, de manera que se podría alcanzar diversas conclusiones para los diferentes puestos de trabajo ocupados por las personas

---

15. Sentencias del Tribunal Supremo (Sala de lo Social) n.º 729/2023, de 10 de octubre de 2023, Rec. 4202/2020 (RJ 2023, 5125) y n.º 79/2021, de 21 de enero de 2021, Rec. 158/2019 (RJ 2021, 380).

trabajadoras en función de los factores de peligrosidad, toxicidad o penosidad que concurren en cada uno de dichos puestos de trabajo[16].

En este sentido, no se puede obviar que el proceso de conflicto colectivo requiere que la decisión se proyecte sobre una generalidad de personas trabajadoras, que es un concepto diferente a la pluralidad, y en los pluses de penosidad, peligrosidad o toxicidad no son, generalmente, inherentes a un grupo o categoría profesional concreta, sino que depende de las condiciones en la que cada persona trabajadora preste sus servicios en su puesto de trabajo específico, no existiendo un similitud entre los conceptos de grupo profesional categoría profesional y puesto de trabajo.

En consecuencia, dado que la decisión de si corresponde el abono de un determinado plus de peligrosidad, toxicidad o penosidad depende de si se dan dichas características en unos determinados puestos de trabajo, y ello requiere analizar cada uno de los puestos de trabajo para contrastar si realmente se dan las circunstancias generadoras de dichos pluses.

No obstante, si en un supuesto concreto se pudiera acreditar que de forma genérica, por su ubicación, condiciones y/o forma de prestación de servicios, un grupo genérico de personas trabajadoras prestaran servicios en condiciones iguales, sin que pudieran existir diferencias entre ellas (p.ej., supuesto en el que un grupo de personas trabajadoras prestan servicios en una misma línea de producción en la que todos realizan las mismas funciones, con los mismos equipos, y sin que la diferencia de ubicación en dicha línea provoque ninguna particularidad respecto a la prestación de los servicios), se podría plantear la existencia de un conflicto colectivo.

15 **¿Es el procedimiento de conflicto colectivo el adecuado para reclamar el abono de diferencias salariales?**

Sí, pero dependerá de cuál sea el objeto real de la reclamación.

---

16. Sentencia del Tribunal Supremo (Sala de lo Social) de 6 de marzo de 2002, Rec. 437/2001 (RJ 2002, 4656).

En tal sentido, se ha interpretado que es objeto del proceso de conflicto colectivo la declaración genérica que establezca que las personas trabajadoras que se encuentran en una determinada situación homogénea, como puede ser la adscripción a una campaña de servicios, obra, contrata o concesión administrativa concreta, tienen derecho a percibir una determinada cantidad prevista en un convenio colectivo, acuerdo colectivo o normativa legal.

Sin embargo, no será objeto del proceso de conflicto colectivo una reclamación de diferencias salariales cuando el abono de los importes reclamados depende de cada categoría profesional a la que pertenezcan las personas trabajadoras, las condiciones personales y del puesto de trabajo de cada una de ellas, los días realizados, las personas trabajadoras que llevaron a cabo determinadas funciones, etc., ya que dicha individualización provoca que no nos encontremos ante un conflicto de carácter colectivo, sino plural[17].

¿Es el procedimiento de conflicto colectivo el adecuado para reclamar la aplicación de un plus de antigüedad?   16

Sí, es el procedimiento adecuado cuando la determinación del derecho al cobro del plus de antigüedad no depende de circunstancias personales concretas que requieren un análisis individualizado de cada circunstancia específica, sino que el conflicto se plantea por un conjunto homogéneo de trabajadores que tienen en común que han ingresado en una determinada categoría del convenio colectivo después o antes de una fecha concreta que se establece en una norma legal o colectiva[18].

En este sentido, la antigüedad en la mayoría de los supuestos tiene un carácter objetivable, de manera que es relativamente senci-

---

17. Sentencia del Tribunal Supremo (Sala de lo Social) n.º 440/2020, de 11 de junio de 2020, Rec. 156/2019 (RJ 2020, 2592).

18. Sentencia del Tribunal Supremo (Sala de lo Social) de 7 de julio de 2009, Rec. 96/2007 (RJ 2009, 4560).

llo justificar el carácter genérico de la afectación del conflicto que se pretende plantear.

17   **¿Es el procedimiento de conflicto colectivo el adecuado para reclamar la aplicación de un determinado grupo profesional a un grupo de personas trabajadoras?**

Sí, siempre que para la determinación de dicho encuadramiento no sea necesario descender a las circunstancias individuales de cada persona trabajadora, como sería si las funciones que efectivamente realizan son las que están reconocidas en el convenio colectivo para su categoría o grupo profesional, sino que se trate de determinar si las personas trabajadoras que realizan unas determinadas funciones como consecuencia de la descripción de su puesto de trabajo o de su categoría profesional reconocida por la empresa son encuadrables en un grupo profesional u otro del convenio colectivo de aplicación, conforme a la definición que el mismo realiza de dicho grupo profesional.

Así, a modo de ejemplo, se ha establecido que era adecuado el procedimiento de conflicto colectivo para determinar si un determinado conjunto de personas trabajadoras que tienen reconocida una categoría profesional de agentes de estaciones tienen derecho a ser encuadrados en el grupo profesional de oficiales, en el que se hayan catalogados los factores de circulación, como consecuencia de que no se trata de una reclamación que requiera el análisis desde una perspectiva individual de las funciones desempeñadas por cada una de las personas trabajadoras durante su jornada, sino que las funciones que desempeñan todos ellos, según se definen en la descripción de su categoría profesional, son equivalentes o iguales a las de otro colectivo de personas trabajadoras que se encuadran en el grupo profesional de oficiales[19].

Sin embargo, se ha considerado que no tiene naturaleza de conflicto colectivo la reclamación que pretenda el reconocimiento de

---

19.   Sentencia del Tribunal Supremo (Sala de lo Social) n.º 528/2016, de 15 de junio de 2016, Rec. 208/2015 (RJ 2016, 3178).

una determinada categoría a un conjunto de personas trabajadoras cuando para poder resolver dicha reclamación es necesario que se acredite que todos y cada uno de los integrantes del grupo cumplen las exigencias que el convenio colectivo establece para el acceso a la categoría profesional reclamada, cuando dichas exigencias no tienen naturaleza genérica, sino concreta[20].

Por ello, no se han considerado exigencias de naturaleza genérica cuando además de una determinada formación académica y/o profesional, que puede ser genéricamente determinable, se requiera acreditar una experiencia en la realización previa de determinadas tareas que el convenio colectivo describe, y que no se reconocen en la definición de su propia categoría profesional o puesto de trabajo, ya que es necesario que se atienda a las circunstancias concretas de cada persona trabajadora.

¿Es el procedimiento de conflicto colectivo el adecuado para reclamar el cumplimiento de un acuerdo de fin de huelga?

18

Depende de la naturaleza del conflicto planteado. Por ello se ha establecido hay que distinguir si nos encontramos ante el contenido normativo de dicho acuerdo de fin de huelga, o ante el contenido obligacional del mismo[21].

En el caso del primero —contenido normativo—, siempre que se trate de un conflicto que afecte a un colectivo genérico de personas trabajadoras, y se trate de una reclamación relativa a la aplicación o interpretación de un acuerdo de fin de huelga, sí nos encontraríamos ante un conflicto colectivo, ya que el acuerdo de fin de huelga tiene naturaleza de convenio colectivo, tal y como establece el artículo 8.2 del RD-ley 17/1977, y tal y como se ha resuelto con anterioridad, los

---

20. Sentencia del Tribunal Supremo (Sala de lo Social) n.º 1288/2021, de 21 de diciembre de 2021, Rec. 79/2020 (RJ 2022, 223).
21. Sentencia del Tribunal Supremo (Sala de lo Social) de 2 de junio de 2011, Rec. 182/2010 (RJ 2011, 5211).

conflictos sobre interpretación y/o aplicación de un convenio colectivo son materia objeto del procedimiento de conflicto colectivo.

Sin embargo, en el caso de que nos encontramos ante el contenido obligacional, en el que lo que se plantea es el incumplimiento de una obligación individual de uno de los sujetos firmantes del acuerdo de fin de huelga, la modalidad procesal adecuada es la del proceso ordinario, ya que ni es una cuestión que en sí misma afecte a un grupo genérico de personas trabajadoras, ni tiene relación con la interpretación o aplicación de ninguna norma de carácter colectivo, y en el caso de que lo que se pretenda impugnar sea la validez del acuerdo de fin de huelga en sí, la modalidad procesal adecuada es la de impugnación de convenio colectivo[22].

Es cierto que en el caso de los convenios y acuerdos colectivos en sentido estricto también se puede diferenciar entre el contenido obligacional y el contenido normativo, por lo que en un sentido hipotético también se podrían plantear la anterior diferenciación entre tipos de conflictos. Sin embargo, la realidad es que, a diferencia de los acuerdos de fin de huelga, en un convenio o acuerdo colectivo no es habitual pactar obligaciones de hacer por parte de los sujetos colectivos que firman el acuerdo, siendo lo fundamental el contenido normativo.

19   ¿Es el procedimiento de conflicto colectivo el adecuado para reclamar la existencia de una cesión ilegal?

Con carácter general, se ha sostenido que el proceso de conflicto colectivo no es la modalidad procesal adecuada para plantear la existencia de cesión ilegal, ya que no se trata aplicar o interpretar una norma a un supuesto fáctico uniforme que afecta a un colectivo homogéneo de personas trabajadoras, sino que es necesario valorar la situación singular de cada una de las personas trabajadoras teniendo en cuenta las condiciones específicas en que en cada supuesto se prestan servicios

---

22. Sentencia del Tribunal Supremo (Sala de lo Social) de 8 de abril de 2014, Rec. 218/2013 (RJ 2014, 4619).

por ellas, así como, en qué medida y de qué manera es ejercido sobre ellas el poder de dirección y disciplinario de la empresa[23].

Por tanto, cuando el conflicto planteado afecte a personas de distintos centros de trabajo, que realizan distintas actividades, que están sujetos a un poder de dirección representado por personas diferentes o que ostentan atribuciones diferentes, no se puede plantear la existencia de un conflicto colectivo.

Sin embargo, sí se ha admitido el proceso de conflicto colectivo como modalidad procesal adecuada para declarar la existencia de una cesión ilegal sobre un conjunto de personas trabajadoras cuando el conflicto afecta a un grupo genérico de personas trabajadoras, concretamente la totalidad de personas trabajadoras que perteneciendo a una empresa prestan servicios para otra, en el mismo centro de trabajo y que se dedican a la misma actividad, sometidas a la dirección y organización de una misma empresa[24].

¿Es el procedimiento de conflicto colectivo el adecuado para reclamar la existencia de una subrogación de trabajadores?   20

Sí, el Tribunal Supremo se ha pronunciado en diversas ocasiones sobre la validez del conflicto colectivo es el adecuado para reclamar la existencia de una subrogación de personas trabajadoras o que no se ha producido la misma siempre que afecte a un grupo genérico de personas trabajadoras respecto de los cuáles no sea necesario analizar sus situaciones individualizadas para determinar si en cada uno de los casos se dan o no los requisitos para que se produzca dicha subrogación, sino que estén identificados por su adscripción a una empresa, centro de trabajo, área, departamento o campaña[25].

---

23. Sentencia del Tribunal Supremo (Sala de lo Social) n.º 801/2016, de 4 de octubre de 2016, Rec. 232/2015 (RJ 2016, 5744).

24. Sentencia del Tribunal Supremo (Sala de lo Social) de 12 de junio de 2007, Rec. 5234/2004 (RJ 2007, 7502).

25. Sentencias del Tribunal Supremo (Sala de lo Social) n.º 960/2018, de 15 de noviembre de 2018, Rec. 181/2017 (RJ 2018, 5725) y de 8 de marzo de 2016, Rec. 82/2015 (RJ 2016, 2082).

21 ¿Es el procedimiento de conflicto colectivo el adecuado para impugnar un proceso de selección de personal?

Con carácter general, la impugnación de un proceso de selección de personal es un conflicto de carácter colectivo, ya que afecta a un grupo genérico de personas trabajadoras, siempre que el proceso de selección de personal se refiera a personal laboral y no a funcionarios, en cuyo caso sería competencia de la jurisdicción contencioso-administrativa[26].

Sin embargo, el hecho de que pueda o no plantearse a través de la modalidad procesal de conflicto colectivo depende de la fase en la que se encuentre en proceso de selección de personal.

En ese sentido, se ha interpretado que existe inadecuación de procedimiento en supuestos en los que el conflicto colectivo se plantea una vez que las plazas ya han sido adjudicadas, ya que se produciría una manifiesta indefensión de los intereses individuales de las personas trabajadoras que hubieran resultado beneficiadas por tales adjudicaciones de plazas, de manera que hay conflictos individuales que mantener, siendo el cauce del proceso ordinario el adecuado para que se planteen las pretensiones correspondientes[27].

Sin embargo, sí ha sido admitida la adecuación del proceso de conflicto colectivo para la impugnación de un proceso de selección de personal cuando la demanda de conflicto colectivo se plantea con carácter previo a la resolución de adjudicación provisional o definitiva de las plazas, ya que en dicho momento no existen aún intereses individuales que proteger, con independencia de que al momento del juicio sí se hayan adjudicado las mismas, siendo lo relevante el momento de interposición de la demanda, y no los momentos posteriores[28].

---

26. Sentencia del Tribunal Supremo (Sala de lo Social) n.º 378/2018, de 9 de abril de 2018, Rec. 77/2017 (RJ 2018, 1664).
27. Sentencia del Tribunal Supremo (Sala de lo Social) n.º 183/2019, de 6 de marzo de 2019, Rec. 152/2018 (RJ 2019, 1131).
28. Sentencia del Tribunal Supremo (Sala de lo Social) n.º 64/2020, de 28 de enero de 2020, Rec. 215/2018 (RJ 2020, 550).

¿Es el procedimiento de conflicto colectivo el adecuado para impugnar contratos o acuerdos individuales?   **22**

La respuesta debe ser afirmativa. El procedimiento de conflicto colectivo es la modalidad procesal adecuada en el supuesto de que nos encontremos ante contratos o cláusulas tipo de contratos individuales, ya que, aunque se trate de acuerdos que afectan a las personas trabajadoras que individualmente firmen los mismos, nos encontramos ante una decisión o práctica habitual de la empresa que afecta de manera indiferenciada y genérica a un grupo de personas trabajadoras, que puede referirse a la empresa en su conjunto, a un centro de trabajo, a un área, o a cualquier otro grupo genérico de personas trabajadoras[29].

En este sentido, resulta absolutamente fundamental acreditar que se trata de un contrato o de una cláusula tipo que no se ha previsto para ser utilizada en el caso puntual de una o varias personas trabajadoras, sino que se trata de una decisión o práctica empresarial que se pretende extender en su aplicación de manera general.

¿Es el procedimiento de conflicto colectivo el adecuado para que un sindicato reclame frente a otro u otros?   **23**

Depende de la naturaleza de la pretensión que se plantee por parte del sindicato accionante.

Resultará adecuada la modalidad procesal de conflicto colectivo para reclamar por parte de un sindicato el derecho a ocupar una plaza en un órgano directivo de una mutua de accidentes de trabajo y enfermedades profesionales como consecuencia de que en el conflicto está presente un grupo genérico de personas trabajadoras, consistentes en las que componen la totalidad de la plantilla de la empresa, y que tienen derecho a tener un representante en los órganos de dirección de la mutua, de acuerdo con lo previsto en los artículos 86 y 87 de

---

29.   Sentencia del Tribunal Supremo (Sala de lo Social) de 7 de noviembre de 2008, Rec. 37/2008 (RJ 2009, 384).

la LGSS, y además, el conflicto está vinculado a la interpretación y aplicación de normas de carácter estatal, por lo que se trata de una reclamación objeto de conflicto colectivo[30].

Sin embargo, la doctrina judicial ha establecido que no es la modalidad procesal adecuada para que un sindicato reclame frente a otro el abono de determinada cantidad que debería haber percibido uno de sus miembros, ya que dicha pretensión de un sindicato frente a otro, aunque se trate de sujetos de naturaleza colectiva, no tiene naturaleza colectiva la pretensión en sí misma, al no tener efectos sobre un colectivo genérico de personas trabajadoras.

Por lo tanto, la modalidad procesal adecuada en ese supuesto sería el procedimiento ordinario, si se trata de una reclamación derivada del cumplimiento de la legalidad ordinaria, o de tutela de derechos fundamentales, si se hubiera producido la vulneración de un derecho fundamental o libertad pública del sindicato que plantea el conflicto[31].

24 ¿Es el procedimiento de conflicto colectivo el adecuado para reclamar en materia de Seguridad Social?

Con carácter general, los conflictos en materia de Seguridad Social no son objeto del conflicto colectivo, de manera que, en aquellos supuestos en los que se ha planteado un conflicto respecto a la aplicación e interpretación de una normativa en materia de cotización a la Seguridad Social, aunque es evidente que se trata de un conflicto colectivo, dado que afecta a un grupo genérico de personas trabajadoras, y se trata de un conflicto de interés general, no es competente la jurisdicción social, sino la contencioso-administrativa, al tratarse de una materia excluida de la jurisdicción social conforme a lo previsto en el artículo 3.f) de la LRJS.

---

30. Sentencia del Tribunal Supremo (Sala de lo Social) n.º 126/2020, de 11 de febrero de 2020, Rec. 149/2018 (RJ 2020, 835).
31. Sentencia de la Audiencia Nacional (Sala de lo Social) n.º 30/2007, de 12 de marzo de 2007, Proc. 203/2006 (AS 2007, 2234).

No obstante, sí se ha declarado adecuado el procedimiento de conflicto colectivo para la interpretación y la aplicación de determinados preceptos de un convenio colectivo que tiene incidencia en materia de Seguridad Social, como es el caso de las mejoras voluntarias en dicha materia.

En esa línea hay resoluciones que han estimado que el proceso de conflicto colectivo es la modalidad procesal adecuada para resolver las cuestiones relativas a la aplicación e interpretación de una mejora voluntaria del subsidio de incapacidad temporal previsto en un convenio colectivo[32].

¿Es el procedimiento de conflicto colectivo el adecuado para reclamar la interpretación de un acuerdo de finalización de proceso de despido colectivo?

No, la modalidad procesal adecuada para interpretar o aplicar un acuerdo de finalización de un proceso de despido colectivo es la impugnación de despido colectivo conforme a lo previsto en el artículo 124 de la LRJS, tal y como ha sido declarado por el Tribunal Supremo.

Así, no es adecuada la modalidad ordinaria de impugnación de acuerdos de conciliación o mediación prevista en el artículo 67 de la LRJS, ni siquiera en el supuesto de que se plantee con las garantías previstas para el conflicto colectivo, ya que los contenidos básicos contenidos en el acuerdo alcanzado durante un período de consultas relativo a un despido colectivo no pueden ser objeto de impugnación autónoma y separada, ya que no se pueden analizar sin tener en cuenta el conjunto de las medidas adoptadas y sus efectos sobre el empleo, siendo la modalidad procesal del despido colectivo excluyente y prioritaria[33].

---

32. Sentencia del Tribunal Supremo (Sala de lo Social) de 10 de noviembre de 2015, Rec. 360/2014 (RJ 2015, 6309).

33. Sentencias del Tribunal Supremo (Sala de lo Social) de 27 de enero de 2015, Rec. 28/2014 (RJ 2015, 628) y de 16 de junio de 2015, Rec. 339/2014 (RJ

26 ¿Es el procedimiento de conflicto colectivo el adecuado para reclamar la existencia de una vulneración de derechos fundamentales?

Sí, en efecto se ha admitido tal adecuación procedimental para reclamar la tutela de determinados derechos fundamentales, como sería, a modo de ejemplo, el derecho fundamental a la libertad sindical, no siendo obligatorio para la parte que entiende que su derecho fundamental ha sido vulnerado acudir al proceso de tutela de derechos fundamentales, ya que se trata de una modalidad procesal potestativa para las partes, y no de carácter obligatorio o necesario[34].

No obstante, en el caso de que se plantee el conflicto a través del procedimiento de conflicto colectivo, y no de tutela de derechos fundamentales, no se aplicarán en dicho procedimiento las reglas propias de la modalidad procesal especial de tutela de derechos fundamentales.

27 ¿Es el procedimiento de conflicto colectivo el adecuado para exigir el cumplimiento de una norma o de un convenio colectivo?

Sí, cuando no se impugna la validez de un convenio colectivo, sino la aplicación del mismo, el proceso de conflicto colectivo es la modalidad procesal adecuada para ello, ya que así se recoge expresamente en el artículo 153.1 de la LRJS al referirse no sólo a interpretación, sino también, a aplicación.

En este sentido, existen múltiples pronunciamientos acogiendo el criterio de adecuación de la modalidad procesal de conflicto colectivo para exigirle a una Administración Pública que cumpla con el compromiso que contrajo en el convenio colectivo relativo a la convocatoria de promoción interna y de consolidación de plazas, cuando ello se refiera a compromisos relativos a personal laboral, ya que, en el caso de que fueran funcionarios públicos, no sería la Jurisdicción Social la

---

2015, 628).

34. Sentencia del Tribunal Supremo (Sala de lo Social) n.º 326/2022, de 6 de abril de 2022, Rec. 102/2020 (RJ 2022, 2006).

competente, y por lo tanto, no sería adecuado el procedimiento de conflicto colectivo[35].

¿Es el procedimiento de conflicto colectivo el adecuado para exigir que se le permita a un sindicato participar en la negociación de un convenio colectivo?   28

Sí, y así lo ha interpretado el Tribunal Supremo afirmando que el conflicto colectivo es el procedimiento adecuado para que un sindicato reclame su derecho a participar en la negociación de un convenio colectivo, ya que la pertenencia a un sindicato es un elemento de homogeneidad, y además, se trata de una cuestión de interés general, ya que el interés no es del sindicato con carácter privativo, sino que sujetos y objetos de la propia participación en la negociación colectiva, estando su participación vinculada al número de personas que representan, al tratarse los sindicatos de instrumentos de las personas trabajadoras para la promoción y defensa de sus intereses económicos y sociales[36].

No obstante, no es dicha modalidad la única adecuada para plantear dicha reclamación, sino que también se puede enjuiciar a través de la modalidad procesal de tutela de derechos fundamentales, tal y como ha sido reconocido por alguna resolución, dado que se trata de una vulneración del derecho a la libertad sindical en su vertiente del derecho a la negociación colectiva[37].

¿Es acumulable la acción de reclamación de conflicto colectivo a otras acciones?   29

Con carácter general, la acción de reclamación de conflicto colectivo no es acumulable a otras acciones.

---

35. Sentencia del Tribunal Supremo (Sala de lo Social) de 3 de marzo de 2011, Rec. 91/2020 (RJ 2011, 3107).
36. Sentencia del Tribunal Supremo (Sala de lo Social) de 21 de octubre de 1997, Rec. 423/1996 (RJ 1997, 9154).
37. Sentencia del Tribunal Supremo (Sala de lo Social) n.º 561/2021, de 20 de mayo de 2021, Rec. 135/2019 (RJ 2021, 2478).

En ese sentido se ha reiterado que no son acumulables las acciones de conflicto colectivo y la impugnación de convenio colectivo conforme a lo previsto en el artículo 26.1 de la LRJS, al tratarse de procesos distintos con sus propios requisitos y garantías[38].

En la misma línea argumental se ha establecido que no son acumulables las acciones de conflicto colectivo y la de reclamación de indemnización por parte del sindicato accionante como consecuencia de la vulneración de su derecho fundamental a la libertad sindical, ya que no se pueden acumular acciones de carácter colectivo, como es la de conflicto colectivo con reclamaciones de carácter individual, como es la reclamación de una indemnización a favor del sindicato[39].

B. REQUISITOS DE PROCEDIBILIDAD PREVIOS A LA INTERPOSICIÓN DE DEMANDA

30 **¿Es necesario realizar algún trámite previo a la interposición de demanda como requisito formal?**

Ello dependerá del alcance de la acción que se ejercite en el conflicto colectivo concreto.

En este sentido, tal y como establece el artículo 156 de la LRJS, con carácter general es obligatorio que se plantee de forma previa a la acción de conflicto colectivo la solicitud de mediación o conciliación previa conforme a lo previsto en el artículo 63 de la LRJS.

Dicha remisión a la regulación contenida en el artículo 63 de la LRJS conlleva que se deba analizar la regulación contenida en dicho precepto y en los sucesivos, y como consecuencia de ello, en los supuestos de que se plantee a través del proceso de conflicto colectivo una impugnación de una movilidad geográfica, modificación sustancial o

---

38. Por todas, la Sentencia del Tribunal Supremo (Sala de lo Social) de 10 de mayo de 1995, Rec. 994/1993 (RJ 1995, 3758).
39. Sentencia del Tribunal Supremo (Sala de lo Social) de 15 de marzo de 2011, Rec. 142/2010 (RJ 2011, 3257).

suspensión de contratos y reducciones de jornada de carácter colectivo no será necesario solicitar previamente el trámite de conciliación o mediación, tal y como establece el artículo 64 de la LRJS.

Igualmente, tampoco se exige que se plantee la conciliación o mediación, ni siquiera la reclamación administrativa previa, en aquellos supuestos en los que el conflicto colectivo se plantea ante una administración pública, tal y como establece el artículo 69 de la LRJS. En tales casos, aunque el artículo 156 de la LRJS no incluya excepciones respecto a las administraciones públicas para realizar previamente una mediación o conciliación, se recuerda que las administraciones públicas tienen vedadas la facultades de alcanzar acuerdos transaccionales fuera del seno de la Administración, por lo que el acto de conciliación carece de sentido, al no poder cumplir en ningún caso con la finalidad que tiene encomendada en el marco de un conflicto judicial sea individual, plural o colectivo[40].

En los supuestos en los que sí se exige acudir a la conciliación o mediación previa, se debe estar a los sistemas que se hayan previsto en los acuerdos de carácter colectivo, ya que, en el caso de que se haya regulado dicho sistema, el mismo será exclusivo y excluyente, debiendo celebrarse dicha conciliación previa a través de tales cauces normativizados que sustituyen a cualquier otro[41].

Además, es importante tener en cuenta que, en aquellos supuestos en los que se discuta la interpretación y aplicación de un convenio colectivo, cuando así se haya previsto en dicho texto normativo, será necesario plantear consulta a la comisión paritaria, salvo en aquellos supuestos en los que ya se ha planteado la misma consulta ante dicha comisión paritaria por parte de otra empresa[42].

---

40.   Sentencia del Tribunal Supremo (Sala de lo Social) de 29 de diciembre de 1999, Rec. 1300/1999 (RJ 2000, 570).

41.   Sentencia del Tribunal Supremo (Sala de lo Social) n.º 729/2020, de 30 de julio de 2020, Rec. 196/2018 (RJ 2020, 3991).

42.   Sentencia del Tribunal Supremo (Sala de lo Social) n.º 764/2016, de 20 de septiembre de 2016, Rec. 163/2015 (RJ 2016, 4916).

31   **¿Qué efectos tiene la realización de una mediación o conciliación previa a la interposición de la demanda?**

Dependerá del tipo de conflicto colectivo ante el que nos encontremos, ya que existen conflictos colectivos, como sucede con la modificación sustancial de las condiciones de trabajo, la movilidad geográfica o las suspensiones de contrato y reducción de jornada de carácter colectivo respecto las que el artículo 64 de la LRJS establece que están exceptuadas de realizar mediación o conciliación previa, de manera que, el planteamiento de una solicitud de mediación o conciliación no produce efectos suspensivos sobre la caducidad[43].

Sin embargo, en el caso de que sí exista obligación de solicitar conciliación o mediación previa, como acontece en el caso de conflictos colectivos relativos a la aplicación o interpretación de una norma estatal, convenio o acuerdo colectivo o decisión empresarial, el plazo de prescripción se interrumpe, tal y como dispone el artículo 65 de la LRJS.

32   **¿Qué efectos tiene el acuerdo que se alcance en una mediación o conciliación previa?**

El acuerdo que se alcance en el acto de conciliación o mediación previa tiene naturaleza de convenio colectivo de naturaleza estatutaria, tal y como establece el artículo 156.2 de la LRJS, siempre que el acuerdo se alcance por los sujetos que tiene legitimación para ello, con las mayorías necesarias y cumpliendo los requisitos formales que se exigen en los artículos 82 y siguientes del ET.

A sensu contrario, en el caso de que el acuerdo no se alcance cumpliendo las garantías anteriores respecto a legitimación y mayorías, el acuerdo que se alcance tendrá naturaleza de convenio colectivo de carácter extraestatutario, y por lo tanto, su efecto no será *erga omnes,* sino limitado[44].

---

43. Sentencia del Tribunal Supremo (Sala de lo Social) n.º 996/2018, de 29 de noviembre de 2018, Rec. 207/2017 (RJ 2018, 5837).

44. Sentencia del Tribunal Supremo (Sala de lo Social) de 26 de septiembre de 2002, Rec. 3543/2000 (RJ 2002, 10658).

¿A quién corresponde en juicio acreditar el cumplimiento de los requisitos previos a la demanda de conflicto colectivo y qué medios probatorios son aptos para ello?   **33**

El cumplimiento de los requisitos previos a la demanda de conflicto colectivo es una carga que corresponde a la parte que incoa el proceso de conflicto colectivo, debiendo aportar la documentación acreditativa de haber cumplido con los mismos, así como, incluir en el contenido de la demanda la información que se requiere.

En este sentido, en relación con el trámite de conciliación o mediación legalmente exigido en el artículo 63 de la LRJS, se exige por el artículo 157.2 de la LRJS que se acompañe junto a la demanda el certificado de haber celebrado el acto de conciliación o mediación previa, o en su defecto, que alegue que no era necesario el cumplimiento de dicho requisito formal.

Por lo tanto, en el caso de que no fuese obligatoria la realización de dicho trámite previo al proceso laboral, será necesario que se acredite.

Igualmente, y aunque no se recoja expresamente en el artículo 157 de la LRJS como requisito previo a la incoación del proceso de conflicto colectivo, en los supuestos de que se trate de un conflicto colectivo que plantee la aplicación e interpretación de un convenio colectivo, tal y como se ha tratado con anterioridad, será necesario realizar consulta previa a la comisión paritaria del convenio colectivo, por lo que habrá que acreditar que se ha realizado dicha consulta.

En el caso de que no fuese obligatorio porque ya se hubiera pronunciado sobre ello la comisión paritaria del convenio colectivo, será suficiente con que se alegue que ya se realizó previamente la misma consulta, y que, por lo tanto, no era obligatoria.

¿Es apreciable de oficio el incumplimiento de los requisitos previos para la interposición de la demanda?   **34**

Sí, el incumplimiento de los requisitos previos a la interposición de la demanda es apreciable de oficio, aplicándose de forma supletoria las reglas previstas en los artículos 80 y siguientes de la LRJS.

Así, en virtud de lo previsto en el artículo 81.1 de la LRJS, el Letrado de la Administración de Justicia dentro de los tres días siguientes a la recepción de la demanda advertirá a la parte actora de los defectos u omisiones en que haya incurrido al redactar la demanda en relación con los presupuestos formales necesarios que pudieran impedir la continuación del procedimiento, así como, de aquellos documentos cuya aportación es de carácter preceptivo. No obstante, según lo previsto en el artículo 81.3 de la LRJS, en el caso de que el documento que falte sea la certificación del acto de conciliación o mediación previa, o de la papeleta de conciliación o de la solicitud de mediación, de no haberse celebrado en plazo, se le dará a la parte actora un plazo de 15 días hábiles para que acredite la celebración del acto de conciliación, o la acreditación de que ha sido intentado sin efecto.

Sin perjuicio de lo anterior, en el supuesto de que no sean apreciados de oficio por el juzgado o tribunal correspondiente, la parte demandada podrá plantear la excepción procesal oportuna relativa al incumplimiento de los requisitos previos a la incoación del procedimiento de conflicto colectivo.

C. COMPETENCIA

35 **¿Qué órganos judiciales son competentes funcionalmente para enjuiciar demandas de conflictos colectivos?**

Las demandas de conflicto colectivo pueden ser planteadas en única instancia ante tres tipos diferentes de órganos judiciales, siendo los mismos los Juzgados de lo Social (artículo 6 de la LRJS), las Salas de lo Social de los Tribunales Superiores de Justicia (artículo 7 de la LRJS) y la Sala de lo Social de la Audiencia Nacional (artículo 8 de la LRJS).

Por lo tanto, a diferencia del proceso de impugnación de despido colectivo, que sólo se puede enjuiciar por las Salas de lo Social de los Tribunales Superiores de Justicia (artículo 7 de la LRJS) o por la Sala de lo Social de la Audiencia Nacional (artículo 8 de la LRJS), en el caso de los conflictos colectivos, los mismos pueden ser competencia de los Juzgados de lo Social.

Respecto a los criterios para la determinación de la competencia funcional de unos u otros juzgados o tribunales, de la interpretación conjunta de los artículos 7 a 9 de la LRJS, la competencia será de: (i) los juzgados de lo social cuando el conflicto no supere la circunscripción territorial de un juzgado de lo social, (ii) los tribunales superiores de justicia cuando el conflicto supere la circunscripción territorial de un juzgado de lo social, pero sin superar el ámbito territorial de la comunidad autónoma, y (iii) la Audiencia Nacional cuando el conflicto colectivo supere el ámbito territorial de la comunidad autónoma.

Además, se debe tener en cuenta que lo relevante no es el ámbito de aplicación de la norma o del convenio o acuerdo colectivo, sino el ámbito real en el que se produce el conflicto que se plantea, de manera que, no es lo mismo el ámbito de afectación hipotético de la norma o del convenio o acuerdo colectivo (que sería el ámbito de aplicación de la norma o el acuerdo) y el ámbito de afectación del conflicto colectivo[45]. Este matiz es una diferencia respecto a la determinación de la competencia funcional en el caso del procedimiento de impugnación de convenio colectivo, tal y como se verá con posterioridad.

Así, el ámbito de afectación del conflicto colectivo puede ser más reducido que el ámbito de aplicación de la norma legal o convencional, aunque no podrá ser más amplio.

Ello implica que haya que analizar el territorio real en el que se produce el conflicto colectivo, sin que pueda reducirse o ampliarse el mismo de forma artificial con la finalidad de alterar la competencia judicial o la legitimación activa del demandante.

En consonancia con esa argumentación se ha establecido que, pese a que el ámbito del conflicto colectivo y el ámbito de aplicación de la norma o acuerdo colectivo sobre el que se discute su aplicación

---

45.   Sentencia del Tribunal Supremo (Sala de lo Social) n.º 562/2022, de 21 de junio de 2022, Rec. 640/2019 (RJ 2022, 4132).

o interpretación no tienen por qué ser idénticos, en el caso de que se plantee un conflicto colectivo sobre un acuerdo o medida que pueda tener efectos sobre diversos territorios es necesario que se acredite que el conflicto colectivo no coincide con dicho ámbito de aplicación, ya que en caso contrario se trataría de una reducción artificial del ámbito del conflicto colectivo existente[46].

Además, se debe tener en cuenta que, *a priori*, a diferencia de lo que sucede por ejemplo con la competencia de la Autoridad Laboral para la tramitación de los despidos colectivos, en cuyo caso el artículo 25 del RDPDC establece que la competencia seguirá siendo de la Autoridad Laboral de una única Comunidad Autónoma cuando el porcentaje de afectación sea mínimo del 85 % en dicho territorio, en el caso de la competencia judicial no se establece ningún tipo de porcentaje mínimo, por lo que en el caso de que el conflicto colectivo afecte a distintas comunidades autónomas, la competencia será de la Sala de lo Social de la Audiencia Nacional, salvo supuestos excepcionales como podría ser el fraude procesal, en cuyo caso debería acreditarse, ya que la situación de fraude no se presume en ningún caso.

36   ¿Qué órgano judicial tiene la competencia para resolver conflictos colectivos que tienen afectación internacional?

Ni la LRJS establece regla especial alguna de determinación de la competencia judicial para conflictos colectivos que tengan un elemento internacional, ni existe un criterio judicial consolidado sobre dicha cuestión.

No obstante, sí se ha planteado el supuesto en el que se interpone una demanda de conflicto colectivo que afecta a personas trabajadoras que prestan servicios en una única comunidad autónoma dentro del territorio nacional, y a personas trabajadoras en el extranjero. En dicho supuesto, el Tribunal Supremo ha determinado que es compe-

---

46. Sentencia del Tribunal Supremo (Sala de lo Social) n.º 1252/2021, de 9 de diciembre de 2021, Rec. 186/2021 (RJ 2022, 395).

tente el Tribunal Superior de Justicia de una Comunidad Autónoma concreta, y no la Audiencia Nacional en un supuesto en el que la medida afecta a 906 personas trabajadoras, de las cuales 900 se encuentran ubicadas en el territorio de una única Comunidad Autónoma, como consecuencia de que las normas procesales sólo determinan la competencia judicial de los conflictos colectivos que se produzcan dentro de las fronteras españolas en función del ámbito de afectación territorial del conflicto colectivo, no pudiendo alterar dichas reglas de competencia el hecho de que haya personas trabajadoras prestando servicios en otros territorios fuera del nacional, y no siendo equiparable la situación de una empresa que posee centros de trabajo en varias Comunidades Autónomas que aquella que sólo está establecida en una Comunidad Autónoma, y tiene delegaciones internacionales[47].

¿A quién le corresponde la carga de acreditar el ámbito de afectación del conflicto colectivo?   37

Con carácter general, a la parte actora le corresponde acreditar que existe un conflicto colectivo como consecuencia de que la cuestión litigiosa afecta a un grupo genérico de personas trabajadoras, y además, que el mismo existe en el ámbito funcional del Juzgado de lo Social o Tribunal frente al que se ha planteado el asunto.

Sin embargo, la parte actora no tiene que acreditar hechos negativos, tales como que el conflicto no afecta a un ámbito más amplio del que se alega, sino que, en el caso de que se trate de un conflicto colectivo que afecta a un ámbito superior al que se plantea por la parte actora, es la parte demandada la que tiene la carga de probarlo.

Así, a modo de ejemplo, en el supuesto de que se plantee un conflicto colectivo frente a una medida empresarial, pero que haya sido limitada por la parte actora a un centro de trabajo concreto, se ha sostenido que es obligación de la empresa demandada acreditar que el

---

47. Sentencia del Tribunal Supremo (Sala de lo Social) de 20 de abril de 2015, Rec. 100/2014 (RJ 2015, 2811).

ámbito de afectación es superior, por aplicación del principio de facilidad o proximidad probatoria previsto en el artículo 217.6 de la LEC[48].

38 **¿Se pueden acumular diferentes conflictos colectivos de diversos ámbitos territoriales para que sean resueltos en único procedimiento?**

No, tal y como ha sido tratado en las cuestiones previas, la competencia judicial para resolver de un conflicto colectivo está prevista en los artículos 6, 7 y 8 de la LRJS, tratándose de una cuestión de orden público procesal.

Así, cada conflicto colectivo debe ser enjuiciado por uno u otro órgano judicial en función del ámbito de aplicación de dicho conflicto, sin que pudieran acumularse diversos conflictos colectivos cuyos efectos se producen sobre diferentes territorios con la finalidad de que se resuelvan en el mismo procedimiento, ya que ello supondría una ampliación artificial del conflicto colectivo.

En este sentido, a título de ejemplo, se ha declarado que no sería competente la Audiencia Nacional para resolver de un conflicto colectivo en cuya demanda rectora se incluyen pretensiones relativas a colectivos de personas trabajadoras que se encuentran adscritas a distintos centros de trabajo, aunque la materia sea en ambos casos relativa a clasificación profesional si las pretensiones alegadas en el escrito de demanda no son realmente iguales, sino que el conflicto es diferente[49].

D. LEGITIMACIÓN

39 **¿Tienen siempre los sindicatos más representativos a nivel estatal legitimación para interponer una demanda de conflicto colectivo?**

Con carácter general, los sindicatos más representativos a nivel estatal tienen legitimación para interponer cualquier demanda de conflicto colectivo. En este sentido, el artículo 154.a) de la LRJS esta-

---

48. Sentencia del Tribunal Supremo (Sala de lo Social) n.º 1252/2021, de 9 de diciembre de 2021, Rec. 186/2021 (RJ 2022, 395).
49. Sentencia del Tribunal Supremo (Sala de lo Social) de 28 de enero de 2010, Rec. 150/2007 (RJ 2010, 2021).

blece que tienen legitimación activa los sindicatos cuyo ámbito de actuación se corresponda o sea más amplio que el del conflicto, por lo que, dado que los sindicatos más representativos a nivel estatal, según el artículo 6.3 de la LOLS gozan de capacidad representativa a todos los niveles territoriales y funcionales, *a priori*, no debería existir obstáculo para que tengan legitimación activa para plantear cualquier tipo de conflicto colectivo de carácter sectorial.

No obstante, en el caso de que el conflicto colectivo no tenga carácter sectorial, sino empresarial, no debería ser *a priori* suficiente con que tenga el carácter de más representativo a nivel estatal, sino que será necesario que se acredite que tiene implantación en el ámbito en el que se plantea el conflicto, tal y como establece el artículo 17.2 de la LRJS, ya sea en el grupo de empresas, en la empresa o en el centro o en los centros de trabajo en los que se plantea el conflicto colectivo, teniendo en cuenta las reglas de determinación de la implantación suficiente que se recogen en las respuestas posteriores sobre esta materia.

En relación con esta cuestión, debemos tener en cuenta que en algún caso, el Tribunal Supremo ha reconocido implantación suficiente a un sindicato más representativo a nivel estatal en una empresa porque acreditó afiliación, y que formaba parte de la comisión paritaria del convenio colectivo sectorial, sin exigir que tuviera representación en los órganos de representación de la empresa porque nunca había habido elecciones sindicales que le permitiese acreditar su audiencia electoral en la empresa. Por lo tanto, dicho pronunciamiento parece exigir que el sindicato, aunque tenga el carácter de más representativo tenga que acreditar su implantación suficiente en la empresa[50].

¿Tienen siempre los sindicatos más representativos a nivel autonómico legitimación para interponer una demanda de conflicto colectivo?

Con carácter general, los sindicatos más representativos a nivel autonómico tienen legitimación para interponer cualquier demanda

50. Sentencia del Tribunal Supremo (Sala de lo Social) de 19 diciembre de 2012, Rec. 289/2011 (RJ 2012, 11278).

de conflicto colectivo cuyo ámbito de afectación sea el de la comunidad autónoma en la que tienen la consideración de más representativo, o en los de ámbito inferior.

En tal sentido, el artículo 154.a) de la LRJS establece que tienen legitimación activa los sindicatos cuyo ámbito de actuación se corresponda o sea más amplio que el del conflicto, por lo que, dado que los sindicatos más representativos a nivel autonómico, según el artículo 7.1 de la LOLS gozan de capacidad representativa a todos los niveles territoriales y funcionales dentro de la comunidad autónoma en la que tienen reconocido dicho carácter de más representativo, *a priori*, no debería existir obstáculo para que tengan legitimación activa para plantear cualquier tipo de conflicto colectivo.

No obstante, en el caso de que el conflicto colectivo no tenga carácter sectorial, sino empresarial, no debería ser *a priori* suficiente con que tenga el carácter de más representativo a nivel autonómico, sino que será necesario que se acredite que tiene implantación en el ámbito en el que se plantea el conflicto, tal y como establece el artículo 17.2 de la LRJS, ya sea en el grupo de empresas, en la empresa o en el centro o en los centros de trabajo en los que se plantea el conflicto colectivo, teniendo en cuenta las reglas de determinación de la implantación suficiente que se recogen en las respuestas posteriores.

41 ¿En qué supuestos un sindicato que no tiene el carácter de representativo tiene legitimación para interponer una demanda de conflicto colectivo?

Los sindicatos que no tienen el carácter de más representativo, ya sea a nivel estatal o autonómico, deberán acreditar que son un sindicato representativo en el ámbito funcional o territorial en el que se plantea el conflicto, en cuyo caso deberían tener legitimación activa para plantear conflictos colectivos sectoriales en dicho ámbito de afectación, o en los ámbitos inferiores conforme a lo previsto en el artículo 154.a) de la LRJS.

En el caso de que no se pretenda plantear un conflicto colectivo de ámbito sectorial sino en el de la empresa, grupo de empresas, o el de uno o varios centros de trabajo de una empresa, deberán acreditar que sí tienen implantación suficiente en el ámbito del conflicto colectivo, en virtud de lo previsto en el artículo 17.2 de la LRJS.

En este sentido, la implantación suficiente se puede probar, tal y como ha sostenido la jurisprudencia, acreditando que: (i) el sindicato tiene representación en los órganos de representación de la empresa o del centro o de los centros de trabajo afectados por la medida[51], habiéndose admitido que se plantee el conflicto colectivo a nivel de empresa, aunque no tuviera representación en los órganos de representación de todos y cada uno los centros de trabajo de la empresa, (ii) el sindicato ha sido parte de la comisión negociadora del convenio colectivo de empresa[52], (iii) la existencia de una afiliación suficiente en la empresa, sin que sea suficiente el hecho de haber constituido una sección sindical, al no requerir más que dos afiliados[53], aunque pueda ser un elemento a tener en cuenta[54] o (iv) el hecho de que cuente con un delegado sindical con los requisitos previstos en la LOLS con representatividad en el ámbito del conflicto colectivo[55].

¿Puede un sindicato de categoría interponer una demanda conflicto colectivo que afecte a varias categorías profesionales?

42

Sí, en el caso de que acredite que tiene implantación suficiente en dichas categorías dentro de un ámbito sectorial o empresarial y que

---

51. Sentencia del Tribunal Supremo (Sala de lo Social) n.º 493/2017, de 7 de junio de 2017, Rec. 166/2016 (RJ 2017, 3167).

52. Sentencia del Tribunal Supremo (Sala de lo Social) n.º 238/2020, de 11 marzo de 2020, Rec. 160/2018 (RJ 2020, 1389).

53. Sentencia del Tribunal Supremo (Sala de lo Social) n.º 626/2021, de 15 junio de 2021, Rec. 85/2019 (RJ 2021, 2948).

54. Sentencia del Tribunal Supremo (Sala de lo Social) n.º 678/2022, de 20 julio de 2022, Rec. 67/2020 (RJ 2022, 4759).

55. Sentencia del Tribunal Supremo (Sala de lo Social) n.º 407/2021, de 14 abril de 2021, Rec. 1/2020 (RJ 2021, 1944).

dichas categorías profesionales, si se trata de un sindicato de categoría, se encuentren recogidas en sus estatutos como ámbito de actuación[56].

Por lo tanto, en el caso de que se plantee un conflicto por un sindicato de categoría que afecte a categorías profesionales distintas a las que se recogen como ámbito personal de protección en sus estatutos, existirá una falta de legitimación activa de dicho sindicato respecto la demanda de conflicto colectivo[57].

43 ¿Puede un delegado sindical interponer una demanda de conflicto colectivo?

Sí, el delegado sindical es un órgano de representación sindical de las personas trabajadoras dentro de la empresa o del centro de trabajo, por lo que, conforme a lo previsto en el artículo 154.c) de la LRJS, tendrán legitimación activa para plantear conflictos colectivos a nivel de empresa o de centros de trabajo en función de si tiene una representación equivalente o superior.

No obstante, es necesario que el delegado sindical se haya designado conforme a los requisitos exigidos en el artículo 10 de la LOLS, y que, además, los estatutos del sindicato al que representan a través de la sección sindical de la empresa o del centro de trabajo le reconozcan dichas facultades.

Esto se debe a que el artículo 10.3 de la LOLS le reconoce a los delegados sindicales las mismas competencias que a los órganos de representación legal, por lo que se le debe reconocer, entre otras competencias, las de plantear conflictos colectivos.

En este sentido, a modo de ejemplo, se ha admitido que el delegado sindical plantee un conflicto colectivo para que se le reconozca

---

56. Sentencia del Tribunal Supremo (Sala de lo Social) de 7 de febrero de 2001, Rec. 2017/2000 (RJ 2001, 2147).
57. Sentencia del Tribunal Supremo (Sala de lo Social) de 19 junio de 2000, Rec. 2994/1999 (RJ 2000, 7171).

el ejercicio de sus derechos de información y consulta dentro de la empresa[58].

¿Puede una sección sindical interponer una demanda de conflicto colectivo? **44**

Sí, la sección sindical tendrá legitimación activa para plantear conflictos colectivos como órgano de representación sindical siempre que acredite implantación suficiente en el ámbito en el que se plantee el conflicto colectivo, tal y como establece el artículo 154.c) de la LRJS.

No obstante, tal y como sucede en el caso de los delegados sindicales, habrá que estar a los estatutos del sindicato, y en su caso, al reglamento interno de la sección sindical para comprobar si efectivamente se le ha facultado para plantear o no conflictos colectivos.

En relación con esta cuestión, es muy interesante destacar como en algún supuesto la doctrina judicial ha resuelto que la sección sindical no puede plantear un conflicto colectivo respecto al sindicato al que representa, ya que existiría una falta de capacidad procesal, como consecuencia de que la sección sindical es una manifestación del propio sindicato en la empresa, sin que se le pueda atribuir una personalidad jurídica propia[59].

¿Puede un delegado de prevención o el comité de seguridad y salud interponer una demanda de conflicto colectivo? **45**

No, la doctrina judicial ha declarado que ni el delegado de prevención ni el comité de seguridad y salud tiene legitimación activa para interponer un conflicto colectivo, y que, ni los artículos 35 y 36 de la LPRL en el caso del delegado de prevención, ni los artículos

---

58. Sentencia del Tribunal Supremo (Sala de lo Social) n.º 93/2019, de 6 de febrero de 2019, Rec. 224/2017 (RJ 2019, 1475).

59. Sentencia del Tribunal Superior de Justicia (Sala de lo Social, Sede de Málaga) n.º 1051/2007, de 3 de mayo de 2007, Rec. 1/2007 (AS 2007, 3480).

38 y 39 de la LPRL en el caso del comité de seguridad y salud tienen reconocida como facultad la de plantear conflictos colectivos, siendo los delegados de personal, los comités de empresa, o los órganos de representación sindical los que tienen encomendada la defensa de los intereses de las personas trabajadoras en los casos de conflictos colectivos, incluyendo la materia de prevención de riesgos laborales[60].

46 **¿Tienen siempre las asociaciones empresariales más representativas legitimación para interponer una demanda de conflicto colectivo?**

Sí, conforme al artículo 154.b) de la LRJS tienen legitimación activa para interponer cualquier tipo de conflicto colectivo de carácter sectorial que afecte al ámbito de representación en el que tienen reconocido el carácter de asociación empresarial más representativa o de ámbito inferior.

Sin perjuicio de lo anterior y, dado que las asociaciones empresariales, a diferencia de los sindicatos, no tienen representación dentro de las empresas, no tendrán legitimación activa para plantear conflictos colectivos a nivel de empresa o de centro de trabajo.

47 **¿En qué supuestos una asociación empresarial que no tiene el carácter de más representativa tiene legitimación para interponer una demanda de conflicto colectivo?**

Conforme al artículo 154.b) de la LRJS tienen legitimación activa para interponer cualquier tipo de conflicto colectivo de carácter sectorial que afecte al ámbito de representación en el que acrediten que tienen el carácter de representativo, ya sea de forma territorial o funcional.

Con la finalidad de acreditar dicha representatividad, deberán probar el nivel de empresas asociadas, así como, el número de perso-

---

60.   Sentencia del Tribunal Superior de Justicia de Galicia (Sala de lo Social) de 18 de julio de 2002, Rec. 3395/2002 (AS 2002, 3096).

nas trabajadoras que contratan dichas empresas, y si han formado parte o no de la comisión negociadora del convenio colectivo del sector respecto del que se plantea el conflicto, o en la comisión negociadora de un convenio colectivo de ámbito superior, con la finalidad de que finalmente hayan sido o no firmantes de dicho convenio colectivo.

¿Puede una asociación de trabajadores económicamente dependientes (TRADES) plantear una demanda de conflicto colectivo? 48

Si, siempre que su ámbito de actuación se corresponda o sea más amplio que el del conflicto colectivo que se plantea, siempre que se trate de acciones relativas a su régimen profesional, tal y como se establece en el artículo 154.e) de la LRJS.

Por lo tanto, su legitimación activa estaría limitada a unos ámbitos de conflictos muy concretos vinculados a su *status*.

¿En qué supuestos y con qué requisitos pueden interponer los delegados de personal una demanda de conflicto colectivo? 49

El artículo 154.c) de la LRJS establece que tienen legitimación activa para plantear conflictos colectivos los representantes legales de las personas trabajadoras cuando se trate de conflictos de empresa o de ámbito inferior, por lo que, *a priori*, los delegados de personal tendrían legitimación activa para interponer conflictos colectivos.

Por lo tanto, en el caso de que exista un delegado de personal en un centro de trabajo, este tiene competencia para plantear un conflicto colectivo que afecte a dicho ámbito de representación[61].

Sin embargo, dicho precepto debe interpretarse de forma conjunta con los artículos 62 y 63 del ET, sin que se le esté otorgando con dicho reconocimiento una legitimación para plantear conflictos

---

61. Sentencia del Tribunal Supremo (Sala de lo Social) de 21 de marzo de 2006, Rec. 1044/2005 (RJ 2006, 4833).

colectivos más allá de su ámbito de representación, que es el centro de trabajo, y no la empresa en su conjunto.

Como consecuencia de ello, en el caso de que se quiera plantear un conflicto colectivo que afecte a varios centros de trabajo por órganos de representación unitaria existirá un litisconsorcio activo necesario[62].

50 ¿En qué supuestos y con qué requisitos puede interponer un comité de empresa una demanda de conflicto colectivo?

En el caso del comité de empresa, se deben realizar las mismas consideraciones que respecto a la legitimación activa del delegado de personal que ha sido tratada en la cuestión previa, ya que se trata de órganos de representación que coinciden en su ámbito de representación, que no es otro que el centro de trabajo al que están adscritos y que los eligieron como representantes del mismo.

En consecuencia con lo anterior, aplicando el principio de correspondencia anteriormente citado, se ha determinado que no tiene legitimación activa un comité de empresa para promover un conflicto colectivo relativo a la aplicación de un convenio colectivo de ámbito provincial en aquellos supuestos en los que dentro de la misma provincia existen otros centros de trabajo, con independencia de que tengan dichos centros de trabajo representación o no, ya que el ámbito de representación del comité de empresa no varía como consecuencia de dicha carencia de representación[63].

Como elemento diferenciador respecto a los delegados de personal, es necesario tener en cuenta su funcionamiento, ya que en el caso del comité de empresa actúan como un órgano colegiado, de manera que el comité de empresa es representado por su mayoría, por lo que no se pueden plantear conflictos colectivos por una facción

---

62. Sentencia del Tribunal Supremo (Sala de lo Social) de 19 de diciembre de 1994, Rec. 727/1994 (RJ 1995, 2556).
63. Sentencia del Tribunal Supremo (Sala de lo Social) de 2 de julio de 2012, Rec. 2086/2011 (RJ 2012, 8562).

minoritaria del comité de empresa, siendo necesario que se plantee el conflicto colectivo, en su caso, por mayoría de sus miembros.

Del mismo modo y, como particularidad aplicable a cualquiera de los órganos de representación legal unitaria reconocidos en el ET, el comité de empresa no tiene legitimación activa para plantear un conflicto colectivo respecto a las personas trabajadoras de ETTs, ya que sólo tienen facultades de representación respecto a las cuestiones relativas a la ejecución de la prestación de servicios, pero no de otras como podría ser la materia retributiva, conforme a lo previsto en el artículo 17 de la LETT[64].

¿En qué supuestos y con qué requisitos puede interponer un comité intercentros una demanda de conflicto colectivo? 51

El comité intercentros tendrá legitimación activa para plantear una demanda de conflicto colectivo en aquellos supuestos que el conflicto colectivo se limite al ámbito de la empresa o de un centro de trabajo, ya que, a diferencia de los delegados de personal, o del comité de empresa, se trata de órganos de representación cuyo ámbito de representatividad es la empresa en su conjunto, y no uno o varios centros de trabajo.

Sin embargo, no cualquier comité intercentros por el simple hecho de haberse constituido tendrá competencia para plantear conflictos colectivos, sino que es necesario que el convenio colectivo que lo constituye le haya otorgado dichas competencias, de manera que, si no se le ha facultado para ello mediante la normativa convencional, no tendrían legitimación activa para plantear conflictos colectivos, tal y como se establece en el artículo 63.3 del ET.

¿Puede un grupo de personas trabajadoras interponer una demanda de conflicto colectivo? 52

Con carácter general, un conjunto de personas trabajadoras no tendría legitimación para plantear un conflicto colectivo, ya que, tal

---

64. Sentencia del Tribunal Supremo (Sala de lo Social) de 27 de abril de 2004, Rec. 2133/2003 (RJ 2004, 3665).

y como se ha mencionado anteriormente, el artículo 154 de la LRJS establece un *numerus clausus* respecto de los sujetos legitimados activamente para plantear conflictos colectivos, y los grupos de personas trabajadoras no se incluyen como tales, sino que es necesario que actúen a través de la representación legal o sindical.

Además, no tendrían legitimación activa ni siquiera en el supuesto de que no contaran con representación legal en su centro de trabajo o empresa.

Sin perjuicio de lo anterior, se ha admitido, en supuestos excepcionales, que la empresa negocie medidas colectivas con toda la plantilla en su conjunto, sin que hayan actuado a través de su representación correspondiente. En estos supuestos en los que se les ha permitido negociar directamente, se les deber reconocer legitimación activa para impugnar la medida que han negociado si finalmente no llegan a acuerdo conforme a un criterio finalista, ya que, en caso contrario, se estaría condicionando la negociación que están llevando a cabo, dado que se pueden ver obligados a alcanzar un acuerdo bajo la amenaza de que en caso contrario no podrán impugnar de forma colectiva la medida que se adopte[65].

53 ¿Puede una comisión ad hoc plantear una demanda de conflicto colectivo?

Sí, la comisión *ad hoc* que negocie una medida de carácter colectivo como podría ser una movilidad geográfica, una modificación sustancial de las condiciones de trabajo o suspensiones de contrato y reducciones de jornada tienen legitimación activa para plantear un conflicto colectivo frente a dicho tipo de medidas, con independencia de si está formada por miembros de las representaciones legales de las personas trabajadoras de los diferentes centros de trabajo, o de si están formadas por miembros designados por las personas trabajadoras ante la ausencia de representación legal.

---

65. Sentencia del Tribunal Supremo (Sala de lo Social) de 23 de marzo de 2015, Rec. 287/2014 (RJ 2015, 1821).

Dicha legitimación se les ha reconocido con independencia de que no se recogiera de forma expresa en la LRJS, ya que, el otorgarles legalmente la facultad de negociar una medida, sin tener la posibilidad de impugnarla ante la ausencia de acuerdo, les forzaría a alcanzar un acuerdo, ante la imposibilidad de impugnar la medida con carácter colectivo.

Además, se debe tener en cuenta que, en el caso de comisiones *ad hoc*, no se pueden plantear reclamaciones por los miembros disidentes de dicha comisión, con independencia de que fueran contrarios a la firma de un acuerdo, ya que la misma decide por mayoría si se adopta o no un acuerdo, y también si se ha de plantear o no un conflicto colectivo[66].

¿Puede una persona trabajadora interponer una demanda de conflicto colectivo?

54

No, tal y como se ha tratado con anterioridad, una persona trabajadora tiene la posibilidad de interponer una demanda individual para reclamar derechos, cantidades o ambas, ya que en el conflicto individual se pueden interpretar normas de carácter colectivo, aunque los efectos de dicho pronunciamiento no tengan carácter colectivo, sino individualizados en la persona concreta que ha reclamado.

Sin embargo, no tiene legitimación activa para plantear una reclamación en un proceso de conflicto colectivo que pueda tener efectos más allá de su pretensión individual, dado que el propio artículo 154 de la LRJS cuando regula el conflicto colectivo no contempla entre los sujetos legitimados al sujeto individualmente considerado.

Es más, sobre esta cuestión es interesante destacar que dicho proceso no sería el adecuado ni siquiera en el supuesto de que quien interpone la acción sea uno de los sujetos que sí tiene legitimación

---

66. Sentencias del Tribunal Supremo (Sala de lo Social) n.º 413/2018, de 17 de abril de 2018, Rec. 101/2017 y de 14 de octubre de 2015, Rec. 336/2014 (RJ 2015, 5661).

activa para plantear el conflicto colectivo cuando el conflicto sólo afecta a una persona, con independencia de que potencialmente pudiera haber afectado a un colectivo.

En este sentido se ha dicho que el proceso de conflicto colectivo no sería el adecuado para resolver sobre la aplicación o interpretación de un determinado acuerdo de naturaleza colectiva si a dicho acuerdo se adhirieron todas las personas trabajadoras potencialmente afectadas por el conflicto menos una, ya que precisamente dicha situación lo que demuestra es que no existe una conflicto colectivo de carácter actual, sino que, a lo sumo, existiría un conflicto individual, que debería resolverse a través del procedimiento individual correspondiente[67].

55 ¿Pueden intervenir en el proceso de conflicto colectivo sindicatos, asociaciones empresariales u órganos de representación que no hayan sido demandantes ni demandados?

Sí, podrán personarse en el proceso siempre y cuando su ámbito de actuación se corresponda o sea más amplio que el del conflicto, tal y como establece el artículo 155 de la LRJS.

No obstante, en relación con dicho precepto, no se puede confundir a las partes procesales con los interesados en el proceso que pudieran comparecer en el acto del juicio.

Así, en el caso de las partes, son aquellas a las que les afecta de forma directa la parte dispositiva de la sentencia que se dicte, mientras que los interesados no tienen esa vinculación directa con el litigio, sin perjuicio de que puedan tener interés legítimo en el resultado de la *litis*[68].

Por ello, quienes comparezcan en el procedimiento de conflicto colectivo en virtud del artículo 155 de la LRJS lo harán como interesados, pero en ningún

---

67. Sentencia del Tribunal Supremo (Sala de lo Social) de 3 de marzo de 2016, Rec. 59/2015 (RJ 2016, 1121).
68. Sentencia del Tribunal Supremo (Sala de lo Social) de 15 de noviembre de 2001, Rec. 1190/2001 (RJ 2022, 2971).

caso se exige conforme a dicho precepto que se les cite de forma previa al juicio, por lo que la ausencia de citación al mismo no tiene ningún tipo de incidencia sobre el desarrollo del proceso.

¿Puede instar la Autoridad Laboral un proceso de conflicto colectivo? **56**

Sí, conforme lo previsto en el artículo 158 de la LRJS, la Autoridad Laboral podrá incoar de oficio un procedimiento de conflicto colectivo mediante la remisión de una comunicación, a instancias de los sujetos legitimados que se contemplan en el artículo 154 de la LRJS.

El contenido de la comunicación que remita la autoridad laboral debe ser el mismo que el que se prevé para la demanda de conflicto colectivo en el artículo 157 de la LRJS.

En relación con esta cuestión, y aunque no se dice expresamente en el artículo 158 de la LRJS, la Autoridad Laboral debe tener competencia en el ámbito en el que se plantea el conflicto, ya que, cada Autoridad Laboral tiene legitimación en el ámbito sobre el que puede ejercer sus competencias y facultades.

Además, es importante tener en cuenta que, en este caso, la comunicación de conflicto colectivo planteada por la Autoridad Laboral deriva de un escrito previamente presentado por los sujetos legitimados por el artículo 154 de la LRJS, por lo que se ha planteado la problemática relativa al cómputo del plazo para la incoación del procedimiento. Sobre esta cuestión, se ha resuelto que el día que se tiene en cuenta a efectos de considerar ejercido el derecho a la acción es el día en el que se presenta el escrito inicial por parte del sujeto legitimado, y no el día en el que se presenta por parte de la Autoridad Laboral la comunicación, ya que en caso contrario se condicionaría el ejercicio del derecho a la actuación llevada a cabo por la Autoridad Laboral[69].

---

69. Sentencia del Tribunal Supremo (Sala de lo Social) de 5 diciembre de 2002, Rec. 10/2002 (RJ 2003, 1944).

57 **¿Tienen legitimación activa para incoar demanda de conflicto colectivo una asociación de empleados o de pensionistas?**

No, una asociación de empleados o de pensionistas no tiene legitimación activa para plantear un conflicto colectivo.

En este sentido, en aquellos supuestos en los que se ha planteado un conflicto colectivo por asociaciones con las características mencionadas, se ha resuelto que, dado que este tipo de asociaciones no tienen naturaleza de sindicatos, ni de organizaciones integradas en un sindicato a los efectos de la LOLS y del artículo 28 de la CE, sino que son asociaciones sometidas al régimen común o régimen general, sometidas al artículo 22 de la CE y a la normativa que desarrolla el derecho de asociación, no se encuentran incluidas en los sujetos contemplados en el artículo 154 de la LRJS como sujetos con legitimación activa para plantear un conflicto de carácter colectivo, siendo dicho listado de sujetos un *numerus clausus*, que no puede ser interpretado con carácter extensivo[70].

Además, se ha sostenido que dicha interpretación no vulnera el derecho a la tutela judicial efectiva, ya que las partes afectadas pueden seguir reclamando a través del ejercicio de la acción de reclamación individual o plural, obteniendo igualmente una tutela judicial efectiva, sin necesidad de que sea de carácter colectivo.

De igual forma, no se puede obviar que los sindicatos pueden actuar en representación de los intereses de colectivos entre los que se encuentran los de pensionistas o ex personas trabajadoras con carácter posterior[71].

58 **¿Puede un empresario interponer una demanda de conflicto colectivo?**

Sí, conforme a lo previsto en el artículo 154.c) de la LRJS, la empresa tiene legitimación activa para la presentación de conflictos

---

70. Sentencia del Tribunal Supremo (Sala de lo Social) de 3 de junio de 1996, Rec. 1814/1995 (RJ 1996, 4870).
71. Sentencia del Tribunal Supremo (Sala de lo Social) de 21 de octubre de 1998, Rec. 1527/1998 (RJ 1998, 8910).

colectivos que afecten a la empresa en su conjunto, o a uno o varios centros de trabajo.

No obstante, para que el procedimiento de conflicto colectivo sea el adecuado, y se le reconozca legitimación activa a la empresa, es necesario que haya un sujeto colectivo que se haya opuesto a las medidas tomadas, y que, por lo tanto, exista un conflicto real y actual sobre una medida adoptada, o ante la interpretación y/o aplicación de una norma o convenio colectivo, que afecte a un grupo genérico de personas trabajadoras, ya que, tal y como se ha tratado con anterioridad, el procedimiento de conflicto colectivo no tiene como finalidad obtener sentencias meramente declarativas, como pudieran ser que se declare que el acuerdo alcanzado durante el período de consultas es legal[72].

Dicho lo anterior, se debe mencionar que la empresa no tendría legitimación activa para presentar un conflicto colectivo en el ámbito de un grupo de empresas, al carecer de litisconsorcio activo necesario, si actúa en solitario, ni en el ámbito sectorial, debiendo actuar a través de las asociaciones empresariales de las que formen parte.

¿Puede un grupo de empresas interponer una demanda de conflicto colectivo?

59

Sí, aunque no se reconozca de forma expresa en el artículo 154 de la LRJS, al igual que las empresas individualmente consideradas pueden plantear conflictos colectivos en el ámbito de actuación en el que tiene representación, o en un ámbito inferior, los grupos de empresas tienen legitimación activa para plantear conflictos colectivos a nivel de grupo de empresas, siempre que exista un conflicto colectivo respecto a un grupo genérico de personas trabajadoras a nivel del grupo empresarial, y siempre y cuando sean partes actoras todas las empresas que componen el grupo de empresas, ya que, en caso contrario, existiría una falta de litisconsorcio activo necesario.

---

72. Sentencia del Tribunal Supremo (Sala de lo Social) n.º 996/2018, de 29 de noviembre de 2018, Rec. 207/2017 (RJ 2018, 5837).

60 ¿Es obligatorio que todos los sindicatos que pudieran ser parte en el proceso sean llamados al mismo?

No es obligatorio llamar al procedimiento a cualquier sindicato que pueda tener implantación suficiente en el ámbito del conflicto colectivo, tal y como se mencionó con anterioridad al distinguir entre parte e interesado, de manera que, el no llamar al procedimiento a un sindicato interesado no supone una falta de litisconsorcio pasivo necesario[73].

Sin embargo, sí se debe llamar al procedimiento a quién no actúe como interesado, sino como parte en el procedimiento, como sucedería en el caso de que se plantee un conflicto colectivo relativo a la aplicación e interpretación de un convenio o acuerdo colectivo, dado que habría que llamar a las partes firmantes de dicho convenio colectivo y no sólo a la asociación empresarial o a uno de los sindicatos firmantes.

En el mismo sentido, en el caso de que se trate de un acuerdo colectivo firmado por parte de los órganos de representación de las personas trabajadoras, se ha considerado que es necesario que se llame a dicho órgano representativo, y no sólo a la empresa[74].

61 ¿A quién le corresponde la carga de acreditar que tiene legitimación activa en el ámbito del conflicto colectivo?

La carga de acreditar que tiene legitimación activa en el ámbito del conflicto colectivo le corresponde a la parte actora[75].

Precisamente por dicho criterio, en los supuestos en los que un sindicato plantea un conflicto colectivo se le exigirá la acreditación de su carácter de más representativo o representativo conforme a lo previsto en los artículos 6 y 7 de la LOLS o, en su caso, acreditar su

---

73. Sentencia del Tribunal Supremo (Sala de lo Social) de 27 mayo de 1998, Rec. 4572/1997 (RJ 1998, 4932).
74. Sentencia del Tribunal Supremo (Sala de lo Social) de 17 febrero de 2000, Rec. 3052/1999 (RJ 2000, 2050).
75. Sentencia del Tribunal Supremo (Sala de lo Social) de 13 octubre de 2015, Rec. 301/2014 (RJ 2015, 6182).

representación por disponer de miembros de los órganos de representación, afiliados a nivel de empresa o la constitución de secciones sindicales dentro de la empresa, como consecuencia de la aplicación de lo previsto en el artículo 217 de la LEC.

En el supuesto de que no acredite su representatividad, salvo en el caso de que la misma tenga un carácter notorio, se desestimará la demanda por falta de legitimación activa, al ser de la parte actora la carga de probar dicha legitimación.

¿Se puede plantear la falta de legitimación activa en fase de recurso?   62

No, a diferencia de la inadecuación de procedimiento o de la falta de competencia objetiva, la falta de legitimación activa no se trata de una cuestión de orden público procesal, de manera que, si no se puso de manifiesto en el acto del juicio, ni se puede plantear de oficio por el órgano judicial que resuelva en fase de recurso, ni tampoco se puede plantear por la propia parte recurrente o impugnante[76].

En consecuencia, aunque no exista legitimación activa en el proceso, en el caso de que la misma no se plantease en el acto del juicio, ésta no se puede plantear ni apreciar con posterioridad.

¿Qué sujetos deben ser demandados en un proceso de conflicto colectivo?   63

La LRJS no regula de forma expresa quién ostenta la legitimación pasiva en el procedimiento de conflicto colectivo, pero pueden tener dicha legitimación los mismos sujetos colectivos a los que se le reconoce legitimación activa en el artículo 154 de la LRJS, no pudiendo ser demandados sujetos individuales.

En este sentido, el artículo 157.1.b) de la LRJS establece que como parte del contenido de la demanda se debe designar de forma

---

76.   Sentencia del Tribunal Supremo (Sala de lo Social) n.º 792/2019, de 20 noviembre de 2019, Rec. 39/2018 (RJ 2019, 5024).

concreta al demandado o a los demandados, con expresión del empresario, asociación empresarial, sindicato o representación unitaria a quienes afecten las pretensiones ejercitadas, por lo que serán dichos sujetos los que podrán ser legitimados pasivos, en función de quién accione el conflicto colectivo, y ante qué tipo de conflicto colectivo nos encontramos.

64 **¿En qué supuesto nos encontramos ante un litisconsorcio pasivo necesario?**

Existirá un litisconsorcio pasivo necesario en aquellos supuestos en los que se deba demandar a más de un sujeto con la finalidad de constituir de forma adecuada la *litis*.

Así, en el caso de que la empresa plantee un conflicto colectivo que tiene su reflejo en distintos centros de trabajo, se deberá demandar a todos los órganos de representación de dichos centros de trabajo, ya que, en caso contrario, existirá una falta de litisconsorcio pasivo necesario.

Igualmente, en el caso de que se plantee un conflicto colectivo respecto de la aplicación o interpretación de un convenio o acuerdo colectivo, se deberá demandar a las partes firmantes del acuerdo para constituir correctamente la *litis*.

Además, en el supuesto de que se plantee un conflicto colectivo a nivel de grupo de empresas por parte de un sindicato, será necesario que se demande a todas las empresas que conforman el grupo.

65 **¿Es obligatorio que sea parte en el proceso de conflicto colectivo el Ministerio Fiscal?**

No, en el caso del proceso de conflicto colectivo, *a priori*, no es obligatoria la intervención del Ministerio Fiscal.

En relación con esta cuestión se ha resuelto que no se exige en ningún precepto de la LRJS la intervención del Ministerio Fiscal en este tipo de procesos a diferencia de otros, como serían los procesos de tutela de derechos fundamentales o de impugnación de convenios colectivos, de manera que, no es obligatoria su intervención en el proceso de conflicto colectivo, sin que se produzca ningún tipo de indefensión a las partes por el hecho de que no participe éste en el acto del juicio, ya que las partes pueden hacer alegaciones y proponer prueba, sin que la ausencia de intervención del fiscal tenga ningún tipo de perjuicios para ellas[77].

E.   CONTENIDO DE LA DEMANDA

¿Cuáles son los requisitos particulares de la demanda de conflicto colectivo?

66

La demanda relativa al procedimiento de conflicto colectivo, conforme al artículo 157 de la LRJS, además de los requisitos generales que ya se recogen en el artículo 80 de la LRJS, exige que se incluyan los siguientes requisitos formales (hay otros que se incluyen en dicho precepto, pero que no difieren de los contenidos en el artículo 80 de la LRJS):

–   La designación general de las personas trabajadoras y empresas afectadas por el conflicto, al tratarse de un requisito específico y necesario para poder determinar el grupo o colectivo genérico de personas trabajadoras que están afectadas por el conflicto colectivo.

–   Una referencia sucinta de los fundamentos jurídicos de la pretensión formulada, como consecuencia de su carácter jurídico, tal y como ha sido reconocido por el Tribunal Supremo[78].

–   Las pretensiones interpretativas, declarativas, de condena o de otra naturaleza concretamente ejercitadas según el objeto del conflicto.

---

77.   Sentencia del Tribunal Supremo (Sala de lo Social) de 9 de junio de 2005, Rec. 126/2004 (RJ 2005, 5851).

78.   Sentencia del Tribunal Supremo (Sala de lo Social) de 13 de julio de 2009, Rec. 30/2008 (RJ 2009, 6088).

67 ¿Se debe incluir en la demanda la concreción individual de las personas trabajadoras afectadas?

Conforme al artículo 157.1.a) de la LRJS, en el caso de que la pretensión de la demanda de conflicto colectivo sea de condena, cuando sea susceptible de determinación individual ulterior sin necesidad de un nuevo litigio, se deberán consignar los datos, características y requisitos precisos para su posterior individualización.

Por lo tanto, aunque se establece que se deberá consignar la concreción individual de las personas trabajadoras, la realidad es que no es un requisito *sine qua non* como sí sucede con la determinación del grupo genérico de personas trabajadoras que es absolutamente necesario para que se declare que el procedimiento de conflicto colectivo es adecuado, sino que se deberá incluir en el caso de que se pretenda extender los efectos directamente sobre las personas trabajadoras de forma individual sin necesidad de plantear demandas individuales por cada una de las personas trabajadoras afectadas.

En consecuencia, en el caso de que no se realice dicha determinación individual, no supondrá un defecto procesal que impida la continuación del procedimiento, sino que, impedirá que se individualicen los efectos sobre las personas afectadas de forma directa, siendo necesario que se planteen los correspondientes litigios individuales para que los efectos de la sentencia se les apliquen en el caso de que la empresa no los extienda de forma voluntaria.

F. TRAMITACIÓN DEL PROCESO DE CONFLICTO COLECTIVO

68 ¿La interposición de una demanda de conflicto colectivo suspende los procesos individuales sobre la misma materia?

Sí, la interposición de la demanda de conflicto colectivo suspende los procedimientos individuales que se hayan planteado sobre la misma materia hasta que se alcance sentencia firme en el procedimiento de conflicto colectivo, tal y como establece el artículo 160.5 de la LRJS.

Además, dichos efectos suspensivos no se producen únicamente durante la tramitación del procedimiento individual en instancia, sino que también tiene efectos suspensivos, tal y como establece el mencionado precepto, mientras que se encuentra el procedimiento en fase de recurso, ya sea de suplicación, o incluso de casación para la unificación de doctrina.

Esta suspensión del plazo para la interposición de demandas individuales no deriva de la existencia de litispendencia, dado que los sujetos en conflicto no son directamente los mismos, y por lo tanto no existe identidad de sujetos, aunque las personas trabajadoras sean las representadas a través de los sujetos colectivos correspondientes, sino que es lo que se ha denominado prejudicialidad normativa, dado que la sentencia que derive del conflicto colectivo es la que va a establecer cómo se debe interpretar o aplicar la norma discutida, extendiendo su aplicación a todas las personas trabajadoras afectadas por el conflicto[79].

¿Interrumpe la prescripción para interponer demandas individuales la interposición de una demanda de conflicto colectivo? **69**

Sí, la interposición de demanda de conflicto colectivo interrumpe el plazo de prescripción para la interposición de demandas individuales, tal y como establece el artículo 160.6 de la LRJS.

Como consecuencia de ello, el plazo de prescripción para interponer las demandas individuales por parte de las personas trabajadoras afectadas por el conflicto colectivo será de un año desde que adquirió firmeza la sentencia que resolvió la demanda conflicto colectivo. Además, en el caso de que existan varios conflictos de carácter colectivo sobre una misma materia, aunque puedan ser de distinta naturaleza, como pueden ser los conflictos de impugnación de convenio colectivo y de conflicto colectivo, que afecten a la misma materia, y se hayan interpuesto en plazo, el plazo de prescripción de

---

79. Sentencia del Tribunal Supremo (Sala de lo Social) de 24 de junio de 2013, Rec. 1031/2012.

un año se reinicia desde que se alcanza la firmeza de la última de las sentencias dictadas[80].

No obstante, dado que nos encontramos ante un plazo de prescripción, los efectos que tiene la superación del plazo de un año desde que adquirió firmeza la sentencia de conflicto colectivo no es que se pierda la acción, sino que no se podrá reclamar los derechos y/o cantidades del año previo a la interposición de la demanda de conflicto colectivo, pero se podrá reclamar los derechos y/o cantidades del año previo a la interposición de la demanda individual[81].

70   ¿Se pueden interponer recursos contra las resoluciones de trámite que se dicten durante el proceso?

No, el artículo 161 de la LRJS, al igual que sucede con el artículo 124 de la LRJS relativo al procedimiento de impugnación de despido colectivo, establece que no se pueden interponer recursos contra las resoluciones de trámite, salvo la declaración inicial de incompetencia.

Este precepto es una manifestación clara del principio inspirador de urgencia que se establece en el artículo 159 de la LRJS, y que es uno de los principios que rigen en estos procedimientos de naturaleza colectiva.

71   ¿Cuál es el plazo para interponer demanda de conflicto colectivo?

El plazo para la interposición de una demanda de conflicto colectivo varía en función de la pretensión de la parte actora, de manera que, hay un plazo general para el conflicto colectivo en sentido genérico, y posteriormente, hay determinadas pretensiones como la impugnación de una modificación sustancial, una movilidad geográfica, o

---

80.   Sentencia del Tribunal Supremo (Sala de lo Social) n.º 719/2016, de 13 de septiembre de 2016, Rec. 2236/2014.

81.   Sentencia del Tribunal Supremo (Sala de lo Social) n.º 301/2021, de 16 de marzo de 2021, Rec. 126/2019.

una suspensión de contratos y/o reducción de jornada de carácter colectivo que tienen un plazo diferente.

En el caso del plazo general, se aplica el plazo de prescripción previsto en el artículo 59 del ET, que es de un año, dado que no se ha previsto otro plazo de forma específica para el conflicto colectivo en la LRJS.

En relación con este plazo de prescripción, debemos tener en cuenta que, en el caso de que se impugnen decisiones empresariales que no se agotan con un solo acto, sino que se aplican de forma sucesiva en el tiempo, y por lo tanto, son obligaciones de tracto sucesivo, el plazo para impugnar dicha decisión, como podría ser el caso de una aplicación o interpretación de un convenio o acuerdo colectivo, continúa vivo, pudiéndose interponer demanda contra la decisión empresarial, aunque los efectos de la sentencia que se dicta sólo se puedan retrotraer al año previo a la interposición de la demanda, o en su caso, de la papeleta de conciliación[82].

Lo anterior debe entenderse, en todo caso, sin perjuicio de que las reclamaciones que se realicen con carácter extrajudicial interrumpen la prescripción, de manera que, es posible que se hayan planteado previamente reclamaciones extrajudiciales, y la prescripción se haya interrumpido, reiniciándose el cómputo del plazo de forma absoluta.

¿Cuál es el plazo de impugnación de una modificación sustancial de las condiciones de trabajo, de una movilidad geográfica o de una suspensión de contratos y reducción de jornadas de carácter colectivo?   72

El plazo para impugnar la modificación sustancial de las condiciones de trabajo o la movilidad geográfica de carácter colectivo es de 20 días hábiles desde la notificación de la decisión, siendo dicho plazo de caducidad, y no de prescripción, conforme a lo previsto en el artículo 59 del ET.

---

82. Sentencia del Tribunal Supremo (Sala de lo Social) n.º 887/2021, de 14 de septiembre de 2021, Rec. 2/2020.

Esto implica que, a diferencia de la prescripción, la reclamación extrajudicial, no interrumpe el plazo.

Además, en la LRJS no se establece que sea obligatorio la presentación de solicitud previa de mediación o de conciliación como sucede en otras modalidades procesales especiales, como es el caso del despido individual, de manera que, el plazo de caducidad no se suspende en ningún caso.

Igualmente, se debe tener en cuenta que dicho plazo es el mismo con independencia del sujeto que ostente legitimación activa que reclame, ya que, en la modalidad procesal de conflicto colectivo, a diferencia de la modalidad de despido colectivo, el plazo de reclamación por parte de la empresa se computa desde la notificación de la medida, y no desde que transcurra el plazo de 20 días hábiles de caducidad previsto para los sujetos colectivos con legitimación para impugnar, dado que el artículo 124.3 de la LRJS no es aplicable analógicamente en el proceso de conflicto colectivo[83].

En consecuencia con lo anterior se debe destacar que, el plazo no se empieza a computar hasta que se notifica la medida a la comisión negociadora de la misma, y una vez que se notifica el plazo comienza a computar para todos los posibles legitimados activos, no aplicándose un plazo escalonado como sucede en el caso de la impugnación del despido colectivo[84].

Adicionalmente, es importante resaltar que en algún supuesto se ha interpretado que en el caso de que se impugne una decisión empresarial colectiva, y se declare que la misma no tenía suficiente entidad como para calificarla como un movilidad geográfica o modificación sustancial de las condiciones de trabajo, el plazo para la impugnación de la medida no sería de 20 días hábiles, sino de un año[85].

---

83. Sentencia del Tribunal Supremo (Sala de lo Social) n.º 996/2018, de 29 de noviembre de 2018, Rec. 207/2017.
84. Sentencia del Tribunal Supremo (Sala de lo Social) de 12 noviembre de 2014, Rec. 13/2014.
85. Sentencia del Tribunal Supremo (Sala de lo Social) de 25 de noviembre de 2015, Rec. 229/2014.

¿Se puede recurrir en amparo la resolución de declaración de inadecuación de proceso de conflicto colectivo?

Sí, puede ser objeto de recurso de amparo en determinados supuestos. Así, a modo de ejemplo, el Tribunal Constitucional estableció que la decisión negar por los tribunales ordinarios el carácter de conflicto colectivo a una reclamación realizada por sujetos colectivos como son los sindicatos, en un supuesto en el que se ha dejado sin efecto, o al menos, se ha pretendido dejarlo sin efecto, un acuerdo de naturaleza colectiva, a través de acuerdos individuales en masa, no es una materia que tenga el carácter de mera legalidad ordinaria, sino que es una materia que es objeto de recurso de amparo, ya que, el impedirle el ejercicio de la reclamación con carácter colectivo, si realmente tenía derecho a ello supondría que la decisión de los tribunales ha supuesto una vulneración del derecho a la libertad sindical del sindicato recurrente, en su vertiente de negociación colectiva, siendo este un derecho fundamental reconocido de forma expresa en la CE[86].

Sin embargo, no cualquier resolución que declare la inadecuación de procedimiento respecto a una demanda de conflicto colectivo promovida por un sindicato debería tener acceso al recurso de amparo por ese simple motivo, ya que no todas las reclamaciones planteadas tienen por qué afectar al derecho fundamental a la libertad sindical.

Igualmente, no tendría dicho alcance constitucional el supuesto en el que la inadecuación de procedimiento se planteara frente a una demanda de conflicto colectivo planteada por la empresa o una asociación empresarial, ya que ninguna de ellas tiene derecho a la libertad sindical, y el derecho al conflicto colectivo regulado en el artículo 37 de la CE en sí mismo no es de los que se les reconoce el derecho al amparo constitucional conforme a lo previsto en el artículo 53.2 de dicho texto normativo.

---

86.   Sentencia del Tribunal Constitucional n.º 238/2005, de 28 de octubre de 2005, Rec. 6006/2003.

74 **¿Qué consecuencias prácticas tiene que el proceso de conflicto colectivo sea preferente y urgente?**

El artículo 159 de la LRJS establece que el proceso de conflicto colectivo es preferente y urgente, teniendo preferencia absoluta sobre otros procedimientos, a excepción de los procedimientos de tutela de derechos fundamentales.

En relación con esta cuestión, es importante tener en cuenta que, tal y como hemos analizado con anterioridad, hay determinados supuestos en los que la acción se puede plantear a través del procedimiento de conflicto colectivo o de tutela de derechos fundamentales, siendo una decisión del demandante, que deberá considerar, entre otros factores que, aunque el procedimiento de conflicto colectivo es preferente, el procedimiento de tutela de derechos fundamentales lo es aún más, por lo que su elección tendrá efectos sobre los plazos de resolución de su conflicto.

Igualmente, no podemos obviar que la urgencia se proyecta sobre determinados aspectos de la tramitación del procedimiento, entre los que debemos destacar nuevamente, la imposibilidad de interponer recursos respecto de las resoluciones de trámite.

Además, el hecho de que sea un procedimiento urgente conlleva que el mes de agosto sea un mes hábil a efectos procesales, tal y como establece el artículo 43.4 de la LRJS.

Igualmente, se refleja en el plazo de señalamiento del juicio, dado que conforme al artículo 160.1 de la LRJS, se debe celebrar en el plazo de 5 días desde la admisión a la demanda, y se reduce el plazo que debe mediar entre la citación y la celebración del juicio de los 10 días que establece el artículo 82 de la LRJS a 5 días, así como en el plazo para dictar sentencia, ya que se establece que la misma se debe dictar en el plazo de los 3 días siguientes a la celebración del juicio.

75 **¿Qué consecuencias tiene que se haya planteado una reclamación de forma inadecuada a través del proceso de conflicto colectivo?**

Con carácter general, el artículo 102 de la LRJS establece que se le debe dar al procedimiento la tramitación que resulte conforme a la modalidad procesal que se expresa a la demanda, salvo cuando no sea posible completar la tramitación seguida hasta ese momento o cuando la parte actora persista en la modalidad procesal inadecuada.

Sin embargo, la realidad es que, en el caso de que se plantee una demanda de conflicto colectivo, la mayoría de las veces en las que exista una inadecuación de procedimiento será como consecuencia de que se trata de un conflicto plural y no colectivo, y ello no se concreta hasta que no se ha celebrado el acto del juicio, dado que es en dicho acto del juicio en el que se deberá acreditar por la parte actora, más allá de las alegaciones contenidas en la demanda como contenido necesario, que realmente se trata de un conflicto colectivo, de manera que, no es posible reconducir la tramitación del proceso en una cantidad importante de supuestos, sino que se debe desestimar la demanda tras la celebración del acto del juicio.

En sentido contrario, sí podría reconducirse la tramitación del proceso en aquellos supuestos en los que por ejemplo se haya tramitado el proceso de conflicto colectivo cuando en realidad se debería haber planteado el proceso de impugnación de convenio colectivo, siempre que la acción se haya ejercitado en plazo, y se haya planteado la demanda ante el órgano judicial competente, siempre que sea posible subsanar los requisitos formales relativos a la correcta modalidad procesal por la que debe tramitarse el procedimiento[87].

G. CELEBRACIÓN DE JUICIO Y SENTENCIA

¿Existe algún orden de prelación de las excepciones procesales a plantear en el proceso de conflicto colectivo?

76

Es cierto que en un proceso de conflicto colectivo se pueden plantear multitud de excepciones procesales, entre las que se pueden encontrar la falta de jurisdicción en el caso de que se trate de una cues-

---

87. Sentencia del Tribunal Supremo (Sala de lo Social) de 8 de abril de 2014, Rec. 218/2013.

tión contencioso-administrativa y no laboral, de falta de competencia objetiva y/o territorial, de falta de acción, de falta de legitimación activa, de falta de legitimación pasiva, de falta de litisconsorcio activo necesario, de falta de litisconsorcio pasivo necesario, de ausencia de cumplimiento de los requisitos preprocesales previstos en la normativa legal y/o convencional, la inadecuación de procedimiento o la caducidad de la acción.

Sin embargo, la realidad es que el examen de dichas excepciones procesales no se debe realizar de una forma aleatoria, sino que, aunque no haya un orden absoluto de prelación de las excepciones procesales a plantear, sí hay determinadas excepciones procesales que tienen que ser examinadas con carácter previo a las demás.

En este sentido, se ha interpretado que el análisis de la competencia objetiva por parte del juzgado de lo social o tribunal que resuelve el asunto es una excepción procesal que debe realizarse con carácter preferente y previo respecto a otra serie de posibles excepciones procesales, como puede ser la relativa a la adecuación de procedimiento[88].

77 ¿Qué efectos tienen las sentencias derivadas de un proceso de conflicto colectivo?

La sentencia que se dicte en el procedimiento de conflicto colectivo tendrá, conforme a lo previsto en el artículo 160.5 de la LRJS, efectos de cosa juzgada sobre los conflictos individuales que se planteen sobre cuestiones de idéntico objeto o en conexión con el mismo, y no sólo en materia laboral, sino también en la jurisdicción contencioso-administrativa.

Por ello, los procedimientos individuales, tal y como ya se trató en cuestiones previas, quedarán suspendidos hasta que la sentencia relativa al procedimiento ordinario alcance firmeza, y una vez que se

88.   Sentencia del Tribunal Supremo (Sala de lo Social) n.º 643/2018, de 15 de junio de 2018, Rec. 132/2017.

dicte, tendrá efectos de cosa juzgada, tanto positivos como negativos sobre los procedimientos individuales que se planteen.

En relación con esta cuestión, debe tenerse en cuenta la diferencia que ha establecido la jurisprudencia entre los efectos negativos y positivos de la cosa juzgada, y es que, mientras que el efecto positivo o prejudicial se caracteriza porque la decisión de una resolución vincula a la posterior, condicionándola con carácter prejudicial, en el caso del efecto negativo o preclusivo impide que los tribunales se pronuncien de nuevo[89].

Considerando lo anterior, en el caso de los conflictos individuales que se puedan plantear una vez que se haya dictado sentencia en el procedimiento de conflicto colectivo, los efectos serán positivos, ya que las partes colectivas e individuales no son exactamente idénticas, pudiendo existir determinadas particularidades que se deben tener en cuenta en los conflictos individuales por las condiciones individuales propias de cada sujeto.

¿En qué supuestos se puede ejecutar la sentencia derivada de un proceso de conflicto colectivo?   78

Las sentencias derivadas del proceso de conflicto colectivo son ejecutivas desde el mismo momento en el que se dictan, con independencia de la posibilidad de plantear recursos frente a las mismas, tal y como establece el artículo 160.4 de la LRJS.

Sin embargo, cuando la reclamación que ha sido estimada pretendiese una condena susceptible con efectos individualizados, la demanda de conflicto colectivo, tal y como establecen los artículos 157.1.a) y 160.3 de la LRJS debería contener la concreción de los datos, características y requisitos precisos para una posterior individualización de los afectados por el objeto del conflicto que pudieran ser beneficiarios de la condena, especificando la repercusión directa de la sentencia sobre dichas personas afectadas.

---

89.   Sentencia del Tribunal Supremo (Sal de lo Social) n.º 64/2019, de 29 de enero de 2019, Rec. 33/2017.

En cualquier caso, con independencia de que se faculte a los sujetos legitimados para interponer demanda de conflicto colectivo a ejecutar las sentencias que se deriven de dichos conflictos, tal y como establece el artículo 247.1.a) de la LRJS, se permite a cada persona trabajadora que pueda ser afectada por la ejecución de una sentencia derivada de conflicto colectivo que pueda acudir a un proceso declarativo individual en lugar de que se le apliquen de forma directa los efectos de dicha sentencia, tal y como establece el artículo 247.1.i) de la LRJS.

79 ¿Es recurrible cualquier sentencia que ponga fin a un procedimiento de conflicto colectivo?

Sí, las sentencias dictadas en procedimientos de conflicto colectivo son recurribles en todo caso, tanto en suplicación, tal y como establece el artículo 190.3.f) de la LRJS, como en casación ordinaria, tal y como se prevé en el artículo 206.1 de la LRJS, sin necesidad de cumplir con ningún requisito adicional, como podría ser el importe de la cantidad reclamada o el número de personas afectadas, dado que se trata de un reconocimiento de dicha posibilidad l procedimiento de conflicto colectivo por razón de la materia.

II

PROCEDIMIENTO DE IMPUGNACIÓN DE CONVENIOS COLECTIVOS

A. OBJETO DEL PROCEDIMIENTO DE IMPUGNACIÓN DE CONVENIOS COLECTIVOS

¿Por qué causas se puede incoar un procedimiento?

El procedimiento de impugnación de convenios colectivos, tal y como establece el artículo 163.1 de la LRJS, se puede incoar en aquellos supuestos en los que un convenio colectivo o un laudo arbitral, con los requisitos que analizaremos posteriormente, conculquen la legalidad vigente o lesionen gravemente los derechos de terceros, teniendo el procedimiento particularidades concretas en función de la causa por la que se impugne, tal y como se podrá comprobar con posterioridad cuando se analicen, a modo de ejemplo, entre otros, los sujetos legitimados para incoar el procedimiento.

Así, por un lado, se puede impugnar un convenio colectivo o un laudo arbitral en aquellos supuestos en los que estos sean contrarios a la legalidad vigente, entendiendo por estas no solo las normas de carácter legal, sino también la norma constitucional[90].

Sin embargo, no se considera causa de ilegalidad de un convenio colectivo el supuesto de que un convenio colectivo sea contrario a otro, o que determinadas cláusulas del mismo sean contrarias entre sí, siendo el cauce procesal adecuado para plantear cuál debe ser la interpretación adecuada de los preceptos convencionales en liza el procedimiento de conflicto colectivo[91].

---

90. Sentencia del Tribunal Supremo (Sala de lo Social) de 2 de diciembre de 2015, Rec. 326/2014.
91. Sentencia del Tribunal Supremo (Sala de lo Social) de 30 de septiembre de 2008, Rec. 88/2007.

Por otro lado, se puede impugnar un convenio colectivo o un laudo arbitral en aquellos casos en los que sean lesivos para terceros, de manera que, el contenido de los mismos pueda perjudicar a terceros que no se vean afectados por el ámbito de aplicación del convenio colectivo o del laudo arbitral.

En este sentido, se ha declarado que no se puede considerar lesivo un convenio colectivo para un contratista principal por el hecho de que el mismo haya aumentado las condiciones salariales, y que, como consecuencia de ello ha tenido que dar por terminada la relación contractual, ya que las condiciones laborales propias del convenio colectivo únicamente afectan a los firmantes y a los que se encuentran patronalmente representados por los sujetos firmantes, de manera que, si la empresa principal no está conforme con las nuevas condiciones económicas de la empresa prestadora de servicios porque le ha aumentado el precio por sus servicios, le bastaría con convocar un nuevo concurso para que contratar a un nuevo prestador de servicios[92].

Por otra parte, sí se ha declarado lesiva una cláusula de un convenio colectivo que atribuía al personal laboral del Ministerio de Defensa el derecho a utilizar talonarios de farmacias militares para la extracción de medicamentos, al considerarse que la dispensa de medicamentos les corresponde a los servicios farmacéuticos de los hospitales, centros de salud, estructuras de atención primaria, así como a las farmacias militares, sin que por vía de convenio colectivo pueda ampliarse el de estas últimas, ni restringirse las primeras[93].

81 ¿Cuál es la pretensión de la acción que incoa el procedimiento de impugnación de convenio colectivo?

La pretensión de la acción que incoa el procedimiento de impugnación de convenio colectivo es que se anule el convenio colectivo

92. Sentencia del Tribunal Supremo (Sala de lo Social) de 5 de noviembre de 2008, Rec. 74/2007.

93. Sentencia del Tribunal Supremo (Sala de lo Social) de 15 de marzo de 1993, Rec. 1730/1991.

en su conjunto, o un precepto concreto, y no que se interprete el convenio colectivo de una u otra forma, siendo esto un elemento diferenciador respecto del procedimiento de conflicto colectivo[94], o que se modifique una determinada cláusula convencional, al exceder de la potestad jurisdiccional[95].

Como consecuencia de ello, en aquellos supuestos en los que del análisis del convenio se llegue a la conclusión de que el mismo puede conciliarse con el resto del ordenamiento jurídico, sin vulnerar normas de Derecho necesario, la sentencia no debe declararlo como ilegal, ni tampoco limitar su validez a una interpretación concreta, sino que debe desestimar la demanda interpuesta[96].

82

¿Se puede impugnar un convenio colectivo de carácter extraestatutario a través del proceso de impugnación de convenios colectivos?

No, el procedimiento de impugnación de convenios colectivos está previsto para la impugnación de convenios colectivos estatutarios y, por lo tanto, que cumplen los requisitos del Título III del ET. Por lo tanto, en aquellos supuestos en los que se impugne un convenio colectivo de carácter extraestatutario, el procedimiento adecuado será el del conflicto colectivo, y no el de impugnación de convenio colectivo[97].

Es cierto que anteriormente se consideraba que el procedimiento de impugnación de convenios colectivos era el procedimiento adecuado para la impugnación de un convenio colectivo de carácter extraestatutario, pero dicha doctrina ha sido ya corregida[98].

---

94. Sentencia del Tribunal Supremo (Sala de lo Social) n.° 641/2016, de 11 julio de 2016, Rec. 193/2015.

95. Sentencia del Tribunal Supremo (Sala de lo Social) de 16 de enero de 1995, Rec. 1094/1994.

96. Sentencia del Tribunal Supremo (Sala de lo Social) n.° 173/2021, de 9 de febrero de 2021, Rec. 111/2019.

97. Sentencia del Tribunal Supremo (Sala de lo Social) n.° 484/2019, de 24 de junio de 2019, Rec. 10/2018 (RJ 2019, 3535).

98. Sentencia del Tribunal Supremo (Sala de lo Social) n.° 179/2017, de 2 de marzo 2017, Rec. 82/2016 (RJ 2017, 1168).

83   **¿Se puede impugnar un acuerdo colectivo a través del proceso de impugnación de convenios colectivos?**

Sí, siempre que el acuerdo colectivo cumpla los requisitos del título III del ET, y por lo tanto, tenga naturaleza estatutaria.

En relación con esta cuestión, se debe tener en cuenta que, en el caso de que nos encontremos ante pactos o acuerdos que hayan sido concertados por las administraciones públicas que afecten a personal laboral de manera conjunta con funcionarios públicos y/o personal estatutario de los servicios de salud, no será competente la jurisdicción social, conforme a lo previsto en el artículo 3.e) de la LRJS, de manera que, no se tramitaría a través del procedimiento de impugnación de convenios colectivos.

84   **¿Es el procedimiento de impugnación de convenios colectivos el adecuado para impugnar un acuerdo de adhesión a un convenio colectivo?**

Sí, el procedimiento de impugnación de convenio colectivo es el adecuado para impugnar una adhesión a convenio colectivo, ya que, la adhesión a convenio colectivo del artículo 92.1 del ET es una forma especial o peculiar de convenio colectivo, que tiene los mismos efectos que si se hubiera negociado un convenio colectivo, por lo que, en el caso de que se quiera impugnar, sería éste el procedimiento adecuado, y no el procedimiento de conflicto colectivo[99].

85   **¿Es el procedimiento de impugnación de convenios colectivos el adecuado para impugnar un laudo arbitral en materia convencional?**

Sí, en el caso de que se impugnen laudos arbitrales que se hayan dictado en sistemas de solución de controversias colectivas derivadas de la aplicación e interpretación de los convenios colectivos, nos encontramos ante laudos que tienen la naturaleza de convenios colectivos a efectos procesales, al tener la misma eficacia jurídica y trami-

---

99.   Sentencia del Tribunal Supremo (Sala de lo Social) de 20 de octubre de 1997, Rec. 350/1997 (RJ 1997, 7471).

tación que los mismos, tal y como establece el artículo 91 del ET, de manera su impugnación se debe producir a través del procedimiento de impugnación de convenios colectivos[100].

¿Es el procedimiento de impugnación de convenios colectivos el adecuado para impugnar el acuerdo alcanzado en una conciliación de conflicto colectivo? **86**

Sí, siempre y cuando el acuerdo haya sido alcanzado por los sujetos con legitimación para ello y con el cumplimiento de los requisitos previstos en el Título III del ET, ya que, en ese caso, el acuerdo alcanzado en la conciliación o mediación en el procedimiento de conflicto colectivo tiene naturaleza de convenio colectivo conforme a lo previsto en el artículo 156.2 de la LRJS.

Por lo tanto, si la naturaleza y la eficacia de dicho acuerdo es la misma que la de los convenios colectivos, el procedimiento para impugnar dicho acuerdo debe ser el procedimiento de impugnación de convenios colectivos, y no el de impugnación de acuerdos de conciliación ordinarios[101].

Sin embargo, en el caso de que el acuerdo no sea alcanzado por los sujetos con legitimación suficiente ni cumpliendo los requisitos previstos en el Título III del ET, el acuerdo tendría naturaleza extraestatutaria, y el procedimiento adecuado para su aplicación ya no sería el de impugnación de convenios colectivos.

¿Es el procedimiento de impugnación de convenios colectivos el adecuado para impugnar un acuerdo de fin de huelga? **87**

Sí, el procedimiento de impugnación de convenios colectivos es el adecuado para impugnar un acuerdo de fin de huelga dado que,

---

100. Sentencia del Tribunal Supremo (Sala de lo Social) de 10 de diciembre de 2003, Rec. 3/2003 (RJ 2004, 1783).

101. Sentencia del Tribunal Supremo (Sala de lo Social) de 15 de julio de 1997, Rec. 1283/1996.

conforme a lo previsto en el artículo 8.2 del RD-ley 17/1977, el acuerdo de fin de huelga tiene la misma eficacia que lo pactado en convenio colectivo.

No obstante, en el caso de que no se pretenda su nulidad, sino que se interprete o se exija la aplicación del mismo, el procedimiento adecuado sería el de conflicto colectivo.

88 ¿Es el procedimiento de impugnación de convenios colectivos el adecuado para impugnar un acuerdo de una comisión paritaria?

Sí, es adecuado impugnar un acuerdo derivado de la comisión paritaria de un convenio colectivo a través del procedimiento de impugnación de convenios colectivos, ya que, conforme al artículo 91.4 del ET, a dichos acuerdos se les dota de la misma eficacia y tramitación que al convenio colectivo, por lo que se debe impugnar por el mismo cauce que este último, y no por el de conflicto colectivo[102].

Sin embargo, la realidad es que dicha interpretación no ha sido uniforme, dado que en otros supuestos se ha considerado que la comisión paritaria no tiene capacidad negociadora ni normativa, y por lo tanto, la resolución que se pueda dictar por parte de la comisión paritaria se podría impugnar a través del procedimiento de conflicto colectivo, pero no del procedimiento de impugnación del convenio colectivo[103].

89 ¿Es el procedimiento de impugnación de convenios colectivos el adecuado para impugnar acuerdos de inaplicación determinados preceptos del mismo?

Sí, el procedimiento de impugnación de convenios colectivos es el adecuado para impugnar un acuerdo de inaplicación de convenio

102. Sentencia del Tribunal Supremo (Sala de lo Social) de 4 de noviembre de 2015, Rec. 177/2013 (RJ 2015, 6183).
103. Sentencia del Tribunal Supremo (Sala de lo Social) de 31 de octubre de 2005, Rec. 140/2004 (RJ 2006, 1305).

colectivo, y no el procedimiento de conflicto colectivo, dado que el artículo 82.3 del ET se regula como una manifestación más de la negociación colectiva, y al tratarse el procedimiento de inaplicación de convenios colectivos un procedimiento para solucionar conflictos, el resultado del procedimiento debe impugnarse a través del trámite de impugnación de convenios colectivos[104].

¿Es el procedimiento de impugnación de convenios colectivos el adecuado para impugnar el acuerdo alcanzado en un período de consultas de despido colectivo?   **90**

No, en el caso de que se pretenda impugnar un acuerdo alcanzado en el período de consultas de un despido colectivo, el procedimiento adecuado es el de impugnación de despido colectivo regulado en el artículo 124 de la LRJS, ya que el acuerdo alcanzado en un procedimiento de despido colectivo no pueden ser objeto de impugnación autónoma y separada, ya que no se pueden analizar sin tener en cuenta el conjunto de las medidas adoptadas y sus efectos sobre el empleo, siendo la modalidad procesal del despido colectivo excluyente y prioritario[105].

¿Es el procedimiento de impugnación de convenios colectivos el adecuado para impugnar el acuerdo alcanzado en un período de consultas de suspensiones de contrato de trabajo y reducción de jornada?   **91**

No, el procedimiento adecuado no sería el de impugnación de convenios colectivos, dado que el acuerdo alcanzado durante el período de consultas, aunque se trate del resultado de la negociación colectiva de sujetos legitimados, no tiene la misma eficacia y naturaleza que un convenio colectivo.

---

104. Sentencia del Tribunal Supremo (Sala de lo Social) de 26 octubre de 2015, Rec. 276/2014 (RJ 2015, 5443).

105. Sentencias del Tribunal Supremo (Sala de lo Social) de 27 de enero de 2015, Rec. 28/2014 (RJ 2015, 628) y de 16 de junio de 2015, Rec. 339/2014 (RJ 2015, 628).

Por lo tanto, el procedimiento adecuado sería el de conflicto colectivo no teniendo sentido que el acuerdo alcanzado durante el período de consultas de un despido colectivo se tramite a través del procedimiento de despido colectivo, como sucede en el caso de que no exista acuerdo, y que, sin embargo, en el caso de los procedimientos de suspensiones de contrato y de reducción de jornada se impugne a través del procedimiento de conflicto colectivo si no hay acuerdo, y a través del procedimiento de impugnación de convenio colectivo si hay acuerdo[106].

92 **¿Es el procedimiento de impugnación de convenios colectivos el adecuado para impugnar el acuerdo alcanzado entre la totalidad de las personas trabajadoras y la empresa?**

No, el acuerdo alcanzado entre la empresa y la totalidad de las personas trabajadoras nunca podrá ser impugnado a través del procedimiento de impugnación de convenio colectivo como consecuencia de que las personas trabajadoras, ni individualmente, ni en su conjunto, son sujetos con legitimación para negociar convenios colectivos conforme a lo previsto en el artículo 87 del ET, por lo que no tendría naturaleza de convenio colectivo, y por lo tanto, no podría impugnarse a través de dicho procedimiento, que está reservado para la impugnación de convenios colectivos estatutarios, que son los que cumplen con los requisitos previstos en el Título III del ET. En consecuencia, el procedimiento adecuado para la impugnación de dicho acuerdo sería el procedimiento ordinario[107].

93 **¿Se puede impugnar la aplicación de un convenio colectivo a través de un procedimiento procesal diferente al de la impugnación del convenio colectivo?**

Sí, en el caso de que no se reclame la nulidad del convenio colectivo por ilegalidad, sino que lo que se pretenda sea combatir una

106. Sentencia del Tribunal Supremo (Sala de lo Social) n.º 329/2022, de 6 de abril de 2022, Rec. 150/2020 (RJ 2022, 2083).
107. Sentencia del Tribunal Supremo (Sala de lo Social) 20 de febrero de 2008, Rec. 4103/2006 (RJ 2008, 1634).

determinada actuación de la empresa en la aplicación de in convenio colectivo, se puede impugnar la medida de la empresa alegando que determinados preceptos del convenio colectivo no son ajustados a derecho. Por lo tanto, se puede impugnar la aplicación del convenio colectivo, pero sin que se anule el contenido del mismo, siendo adecuados para ello tanto el procedimiento de conflicto colectivo, en el caso de que se impugne la aplicación del convenio colectivo a través de un procedimiento de conflicto colectivo, por afectar a un grupo genérico de personas trabajadoras, como el procedimiento ordinario, en el caso de que sean las personas trabajadoras las que de forma individual o plural cuestionen una determinada decisión de la empresa argumentando que el convenio colectivo es contrario a normas de derecho necesario[108].

¿Es adecuado el procedimiento de impugnación de convenio colectivo para alegar el derecho a participar en una comisión negociadora? **94**

Depende del momento en el que se plantee la reclamación.

Así, en el caso de que se plantee la impugnación en un momento en el que el convenio colectivo se encuentra en fase de negociación, el procedimiento para reclamar el derecho a formar parte de la negociación de un convenio colectivo, o de cualquier otra comisión negociadora, se debe articular a través del procedimiento de conflicto colectivo, salvo en el caso de que se prefiera plantear el procedimiento a través de la modalidad procesal de tutela de derechos fundamentales. Sin embargo, en el caso de que se reclame la legitimación para participar en una comisión negociadora, cuando el convenio colectivo ya se ha aprobado, registrado y publicado, el procedimiento adecuado es el procedimiento de impugnación de convenio colectivo[109].

---

108. Sentencia del Tribunal Supremo (Sala de lo Social) n.º 159/2022, de 17 de febrero de 2022, Rec. 123/2020 (RJ 2022, 1499).

109. Sentencia del Tribunal Supremo (Sala de lo Social) de 13 de octubre de 2005, Rec. 210/2004 (RJ 2006, 1307).

95 ¿Es acumulable el proceso de impugnación de convenio colectivo a otros procesos?

No, el artículo 26.1 de la LRJS establece una prohibición general de acumulación de acciones del procedimiento de impugnación de convenios colectivos con respecto a otros procedimientos.

En este sentido, y de forma específica, se ha considerado que no pueden acumularse las pretensiones de impugnación de convenio colectivo por nulidad del mismo, y de exclusión del ámbito de aplicación del convenio colectivo a través de la modalidad procesal de conflicto colectivo[110].

De igual forma, se ha declarado la acumulación indebida de acciones en el caso de que se plantee la impugnación de un convenio colectivo a la vez que se solicita el derecho a constituir sección sindical, así como a nombrar delegado sindical[111].

No obstante, sí se permite que en el procedimiento de impugnación de convenio colectivo se plantee la nulidad del mismo como consecuencia de que se ha producido la vulneración de derechos fundamentales, ya que la nulidad de determinados preceptos de un convenio colectivo puede derivar de que el mismo sea contrario a la ley o a la CE[112], sin que ello pueda conllevar que la sentencia relativa al procedimiento de impugnación de convenio colectivo se tenga que pronunciar sobre una posible condena vinculada a la vulneración del derecho fundamental concreto[113].

---

110. Sentencia del Tribunal Supremo (Sala de lo Social) de 11 de octubre de 2007, Rec. 94/2005 (RJ 2008, 189).
111. Sentencia del Tribunal Supremo (Sala de lo Social) de 6 de marzo de 1998, Rec. 1535/1997 (RJ 1998, 2994).
112. Sentencia del Tribunal Supremo (Sala de lo Social) de 4 de noviembre de 2015, Rec. 177/2013 (RJ 2015, 6183).
113. Sentencia del Tribunal Supremo (Sala de lo Social) de 26 de enero de 2009, Rec. 28/2006 (RJ 2009, 2995).

B. REQUISITOS DE PROCEDIBILIDAD PREVIOS A LA INTERPOSICIÓN DE DEMANDA

¿Es necesario realizar algún trámite previo a la interposición de demanda como requisito formal? **96**

Con carácter general, la LRJS no establece ningún requisito previo a la incoación del procedimiento, y además, el artículo 64 de la LRJS establece de forma específica que en el caso del procedimiento de impugnación de convenio colectivo, no es obligatorio presentar conciliación o mediación previa.

La mencionada excepción al planteamiento previo de solicitud de mediación o conciliación se aplica con independencia de si el procedimiento de impugnación de convenio colectivo se incoa por ilegalidad o lesividad[114].

Sin embargo, y pese a la regla general establecida legalmente, sí será obligatorio agotar los trámites previos a la incoación del procedimiento de impugnación de convenio colectivo en el caso de que se regule de forma expresa en el propio convenio colectivo o en un acuerdo extrajudicial de conflictos[115].

Igualmente, existiría la posibilidad de que se exigiera acudir a la comisión paritaria o mixta del convenio colectivo con carácter previo a la impugnación del convenio colectivo, siempre que se previera expresamente en el convenio colectivo, aunque no es lo habitual como sí sucede en el caso del procedimiento de conflicto colectivo cuando la pretensión es la aplicación e interpretación de algún precepto del convenio colectivo.

¿Qué efectos tiene el acuerdo que se alcance en una mediación o conciliación previa? **97**

En principio, tal y como se ha resuelto en la cuestión anterior, la LRJS no establece como obligación la conciliación o mediación previa.

---

114. Sentencia del Tribunal Supremo (Sala de lo Social) n.º 328/2022, de 6 de abril de 2022, Rec. 119/2020 (RJ 2022, 1996).

115. Sentencia del Tribunal Supremo (Sala de lo Social) n.º 272/2021, de 4 de marzo de 2021, Rec. 130/2019 (RJ 2021, 955).

No obstante, sí se puede establecer dicho trámite previo en el convenio o acuerdo colectivo que se aplique.

Dicho lo anterior, debemos tener en cuenta que la finalidad del procedimiento de impugnación de convenios colectivo no tiene la finalidad de realizar una interpretación o aplicación concreta del convenio colectivo, sino de anular el mismo.

Pese a ello, en el caso de que se llevase a cabo una conciliación o mediación previa, no debería haber objeción para que se alcanzase un acuerdo en dicha conciliación o mediación, aunque los efectos de dicho acuerdo dependerían de si el acuerdo se ha alcanzado por sujetos legitimados para suscribir convenios colectivos estatutarios, y con los requisitos previstos para ello en el Título III del ET, en cuyo caso tendría naturaleza y efectos de convenio colectivo estatutario, o en caso contrario, únicamente podría tener naturaleza de convenio colectivo extraestatutario.

98 ¿A quién corresponde acreditar en juicio el cumplimiento de los requisitos de procedibilidad previos a la interposición de la demanda?

La carga de acreditar el cumplimiento de los requisitos previos a la interposición de la demanda es de la parte actora, ya que es quien incoa la acción, y por lo tanto, debe cumplir con las cargas procesales para ello.

No obstante, en el caso del procedimiento de impugnación de convenios colectivos no nos encontramos ante ningún trámite previo a la incoación del proceso previsto legalmente, de manera que, a diferencia de los supuestos en los que sí se exige legalmente la tramitación de una mediación o conciliación previa legalmente, no será el propio juzgado o tribunal quien requiera para que se subsane dicho trámite previo, sino que es la parte demandada quien tendrá que plantear en juicio la excepción procesal oportuna de incumplimiento de requisito previo a la incoación del proceso.

C. COMPETENCIA

¿Qué órganos judiciales son competentes funcionalmente para enjuiciar demandas de impugnación de convenios colectivos?

Las demandas de impugnación de convenios colectivos pueden ser planteadas en única instancia ante tres tipos diferentes de órganos judiciales, siendo los mismos los Juzgados de lo Social (artículo 6 de la LRJS), las Salas de lo Social de los Tribunales Superiores de Justicia (artículo 7 de la LRJS) y la Sala de lo Social de la Audiencia Nacional (artículo 8 de la LRJS).

Por lo tanto, al igual que el procedimiento de conflicto colectivo, y a diferencia del proceso de impugnación de despido colectivo, que sólo se puede enjuiciar por las Salas de lo Social de los Tribunales Superiores de Justicia (artículo 7 de la LRJS) o por la Sala de lo Social de la Audiencia Nacional (artículo 8 de la LRJS), en el caso de los conflictos colectivos, los mismos pueden ser competencia de los Juzgados de lo Social.

Respecto a la determinación de la competencia, de la interpretación conjunta de los artículos 7 a 9 de la LRJS, la competencia será de: (i) los juzgados de lo social cuando el ámbito del convenio colectivo no supere la circunscripción territorial de un juzgado de lo social, (ii) los tribunales superiores de justicia cuando el ámbito del convenio colectivo supere la circunscripción territorial de un juzgado de lo social, pero sin superar el ámbito territorial de la comunidad autónoma, y (iii) la Audiencia Nacional cuando el ámbito del convenio colectivo supere el ámbito territorial de la comunidad autónoma[116].

Por lo tanto, en este caso, a diferencia del procedimiento de conflicto colectivo, el ámbito del conflicto planteado no puede ser diferente del ámbito del convenio colectivo. No obstante, el ámbito de aplicación se tiene que referir al real, y no al que se ha incluido en el texto del convenio colectivo. Así, en el supuesto de que se trate

---

116. Sentencia del Tribunal Supremo (Sala de lo Social) n.° 536/2017, de 21 de junio de 2017, Rec. 193/2016 (RJ 2017, 2923).

de un convenio colectivo que tiene aplicación en una comunidad autónoma en concreto, que es dónde tiene centros de trabajo la empresa, el hecho de que en el convenio colectivo se establezca que tiene ámbito nacional no convierte en competente a la Audiencia Nacional, sino que será competente el correspondiente tribunal superior de justicia, si es que tiene centros de trabajo en más de una provincia[117], ya que en caso contrario sería el juzgado de lo social que corresponda.

100 **¿Es apreciable la falta de competencia objetiva de oficio por los juzgados y tribunales?**

Sí, la falta de competencia objetiva puede ser apreciada de oficio por parte de los juzgados y tribunales, dado que el ámbito del conflicto no puede quedar al arbitrio de la parte que incoa el procedimiento, siendo la competencia objetiva una cuestión de orden público procesal[118].

D. LEGITIMACIÓN

101 **¿Tienen legitimación para impugnar un convenio colectivo los sindicatos?**

Sí, el artículo 165.1.a) de la LRJS establece que los sindicatos tienen legitimación activa para impugnar un convenio colectivo siempre que la causa de la impugnación sea por ilegalidad del mismo, y no por lesividad.

Sin embargo, no es suficiente para un sindicato su propia condición para que se le reconozca legitimación activa para la impugnación de un convenio colectivo, sino que se debe tratar de sindicatos inte-

---

117. Sentencia del Tribunal Supremo (Sala de lo Social) de 25 de noviembre de 2013, Rec. 23/2013 (2014\418).
118. Sentencia del Tribunal Supremo (Sala de lo Social) de 25 de noviembre de 2013, Rec. 23/2013 (RJ 2014, 418).

resados en el procedimiento. Para ser considerados sindicatos interesados no es necesario que se trate de sindicatos más representativos o representativos, ni tampoco tiene que existir, como sí sucede en el procedimiento de conflicto colectivo una concordancia entre el ámbito de actuación del sindicato y el ámbito de aplicación del convenio colectivo que se impugna. En este sentido, se ha considerado que un sindicato tiene el carácter de interesado para impugnar un convenio colectivo de empresa en el caso de que tenga un solo representante de las personas trabajadoras en uno de los centros de trabajo, aunque existan otros centros de trabajo, y el convenio colectivo sea aplicable a todos ellos[119].

Por lo tanto, el requisito de que el sindicato tenga interés en la impugnación del convenio colectivo es un requisito menos exigente que el de implantación suficiente en el ámbito del conflicto que se predica para los procedimientos de conflictos colectivos.

¿Tienen legitimación para impugnar un convenio colectivo los representantes legales de las personas trabajadoras?

102

Sí, la representación legal de las personas trabajadoras, ya sea unitaria o sindical, tiene legitimación activa para incoar un procedimiento de impugnación de convenio colectivo, tal y como establece el artículo 165.1.a) de la LRJS. Además en este caso, a diferencia del supuesto de la legitimación activa de los sindicatos, tal y como ha sido analizado con anterioridad, no se exige el requisito del interés de que sean interesadas en la impugnación del convenio colectivo, dado que es evidente que la representación legal de las personas trabajadoras, con independencia de que se trate de la unitaria o sindical, tienen interés en la impugnación de convenios colectivos de empresa o de centro de trabajo, al ser representaciones que ejercen su ámbito de actuación en el centro de trabajo o en la empresa, no teniendo representación fuera de ella.

---

119. Sentencia del Tribunal Supremo (Sala de lo Social) n.º 238/2017, de 22 de marzo de 2017, Rec. 127/2016 (RJ 2017, 1351).

Así, tendrán legitimación activa para la incoación de un procedimiento impugnación de un convenio colectivo los delegados de personal o los comités de empresa, por las facultades propias que les reconoce el ET.

Igualmente, tendrá legitimación activa el comité intercentros, siempre y cuando en el convenio colectivo que lo haya creado se haya previsto entre sus facultades la impugnación de un convenio colectivo de empresa, al ser un órgano representativo de reconocimiento convencional, tal y como prevé el artículo 63.3 del ET.

Sin embargo, no se puede obviar que este tipo de órganos representativos tienen legitimación activa para incoar dicho procedimiento siempre y cuando actúen como órgano, no siendo posible que se plantee una acción de impugnación de convenio colectivo por parte de determinados miembros de un comité de empresa, sino que es necesario que se impugne con la mayoría de dicho comité de empresa, dado que los miembros del comité de empresa no están facultados de forma individual para plantear acciones de conflicto[120].

En el mismo sentido, no tendría legitimación activa para la impugnación de un convenio colectivo un solo delegado de personal si en el centro de trabajo hay otros dos delegados de personal, y no se adopta la decisión de impugnar por acuerdo mayoritario, tal y como prevé el artículo 65 del ET[121].

Como particularidad respecto a la legitimación relativa al procedimiento de conflicto colectivo, en este caso no se exige que exista correspondencia entre el ámbito de actuación y el ámbito de aplicación, de manera que, un delegado de personal de un centro de trabajo puede impugnar un convenio colectivo de empresa, aunque no tenga representatividad a nivel de empresa[122].

120. Sentencia del Tribunal Supremo (Sala de lo Social) de 9 de junio de 2015, Rec. 122/2014 (RJ 2015, 4284).

121. Sentencia del Tribunal Supremo (Sala de lo Social) 25 de febrero de 2015, Rec. 36/2014 (RJ 2015, 1076).

122. Sentencia del Tribunal Supremo (Sala de lo Social) n.º 98/2018, de 6 de febrero de 2018, Rec. 10/2017 (RJ 2018, 821).

Además, tendrán legitimación activa para iniciar el procedimiento de impugnación de convenios colectivos las secciones y los delegados sindicales, siempre y cuando los estatutos o los reglamentos internos que regulan su funcionamiento les hayan otorgado dichas facultades, y siempre y cuando se impugne, aplicando la misma doctrina que para los órganos unitarios, por la sección sindical o los delegados sindicales como órganos representativos, y no por parte de sus miembros.

¿Tienen legitimación para impugnar un convenio colectivo las asociaciones de trabajadores, de pensionistas, etc.?   **103**

Depende de la causa por la que se incoe el procedimiento de impugnación de convenio colectivo.

Así, en el caso de impugnación de convenio colectivo por ilegalidad del mismo, ya sea total o parcial, no tendrían legitimación activa dado que, conforme a lo previsto en el artículo 165.1.a) de la LRJS, como sujetos colectivos tienen legitimación la representación unitaria de las personas trabajadoras (delegados de personal, comités de empresa y comités intercentros), o sindical (secciones sindicales y delegados sindicales), así cómo, los sindicatos y asociaciones empresariales, y la realidad es que las asociaciones de personas trabajadoras no tienen dicha naturaleza, por lo que no serían encuadrables en ninguno de los sujetos con legitimación activa para impugnar un convenio colectivo por ilegalidad.

Tampoco tendrían legitimación activa para impugnar el convenio colectivo como terceros, si lo que se impugna es su contenido por ser este de aplicación dicho colectivo. Con base en lo anterior, se ha denegado la legitimación activa para incoar dicho procedimiento por lesividad a varios jubilados, dado que los mismos impugnaban el contenido de un convenio colectivo cuyo ámbito de aplicación les afectaba al regular expresamente derechos laborales y económicos para los jubilados de la empresa, y por lo tanto, no poder ser considerados terceros[123].

---

123. Sentencia del Tribunal Supremo (Sala de lo Social) de 9 de febrero de 1999, Rec. 1394/1998 (RJ 1999, 2483).

En cualquier caso, nada les impediría plantear la inaplicación de una medida concreta que realice una empresa en aplicación del convenio colectivo por entender que el mismo es contrario a la normativa legal o constitucional a través del procedimiento ordinario, con reclamaciones plurales o individuales, aunque no a través del procedimiento de conflicto colectivo, dado que, como se analizó en la cuestión correspondiente, no tendrían legitimación activa para ello.

Por otro lado, sí tendrían legitimación activa para impugnar el convenio colectivo por lesividad una asociación de viudas, al ser encuadrables en el concepto de tercero que establece el artículo 165.1.a) de la LRJS, siempre y cuando acrediten cuál es el interés que se ha visto gravemente lesionado, aunque no se le reconoció la legitimación activa al no haber acreditado dicho interés[124].

104 ¿Tienen legitimación para impugnar un convenio colectivo las asociaciones empresariales?

Sí, el artículo 165.1.a) de la LRJS establece que las asociaciones empresariales tienen legitimación activa para incoar el procedimiento de impugnación de convenios colectivos siempre que la causa sea la ilegalidad del mismo.

No obstante, no cualquier asociación empresarial en sentido genérico tiene legitimación activa para impugnar un convenio colectivo, sino que debe tratarse de una asociación empresarial interesada, de manera que, la sentencia del procedimiento de impugnación de convenio colectivo otorgue al demandante un determinado beneficio, o que la persistencia o mantenimiento de la situación jurídica preexistente le ocasione un perjuicio.

En línea con lo anterior se ha entendido que nos encontramos ante una asociación empresarial interesada cuando sus representados están incluidos en el ámbito de aplicación del convenio colectivo. Sin

---

124. Sentencia del Tribunal Supremo (Sala de lo Social) de 6 de junio de 2001, Rec. 4769/2000 (RJ 2001, 5494).

perjuicio de ello, no se debe confundir la legitimación procesal para impugnar judicialmente un convenio colectivo con la legitimación para negociarlo conforme a lo previsto en el artículo 87 del ET, de manera que no se exige esta segunda para entender que estamos ante una asociación empresarial interesada, aunque sí será necesario acreditar que se encuentra con afiliados en dicho sector, y en el caso de que no los tenga, o no se acredite, nos encontraremos ante una situación de falta de legitimación activa[125].

Además, para acreditar dicha representatividad, no será suficiente la presentación de un certificado emitido por la propia asociación empresarial de que tiene representatividad, sino que se debe acreditar que dicha representación existe, dado que el certificado es una manifestación de parte[126].

En cualquier caso, la asociación empresarial puede tener legitimación activa para incoar un procedimiento de impugnación de convenio colectivo, aunque se haya constituido después de que entrase en vigor la norma convencional que se impugna, siempre y cuando acredite que tiene representados dentro del ámbito de aplicación de la misma[127].

Igualmente, las asociaciones empresariales tendrían legitimación activa para incoar un procedimiento de impugnación de convenio colectivo por lesividad, siempre y cuando no estén dentro del ámbito de aplicación de un convenio colectivo, sino que se consideren terceros, tal y como establece el artículo 165.1.b) de la LRJS. En este sentido, se le ha reconocido legitimación activa a una asociación de ETTs para incoar el procedimiento de impugnación de un convenio colectivo sectorial por lesividad del mismo, dado que restringía la posibilidad

---

125. Sentencia del Tribunal Supremo (Sala de lo Social) de 14 de abril de 2000, Rec. 982/1999 (RJ 2000, 8191).
126. Sentencia del Tribunal Supremo (Sala de lo Social) n.º 106/2018, de 7 de febrero de 2018, Rec. 272/2016 (RJ 2018, 1240).
127. Sentencia del Tribunal Supremo (Sala de lo Social) de 2 de marzo de 2007, Rec. 131/2005 (RJ 2007, 3170).

de contratar con ETTs, ocasionando ello un perjuicio evidente, que no requiere cuantificar los daños producidos[128].

105   ¿Tiene legitimación para impugnar un convenio colectivo un empresario?

Depende de la causa por la que se incoe el procedimiento de impugnación de convenio colectivo.

En el caso de que se trate de impugnación por ilegalidad del convenio colectivo, no constan como legitimados activos en el artículo 165.1.a) de la LRJS, de manera que, al no tener reconocimiento expreso, no tendrían legitimación activa, por lo que, para poder instar la impugnación de convenios colectivos por ilegalidad, tendrían que realizar comunicación a la autoridad laboral, o impugnar a través de las asociaciones empresariales de las que formen parte.

Sin embargo, sí podrían incoar procedimientos de impugnación de convenios colectivos siempre y cuando la causa de la impugnación sea la lesividad que le produce el convenio o acuerdo que se impugna, y no esté dentro de su ámbito de aplicación, sino que se trate de un tercero, tal y como establece el artículo 165.1.b) de la LRJS.

En este sentido, no se le ha reconocido la condición de tercero lesionado a una empresa principal que impugna un convenio colectivo de una empresa contratista alegando que dicho convenio colectivo incrementa los costes del contrato de prestación de servicios, dado que el convenio colectivo le afecta a la empresa contratista, pero no a la principal, que tiene la posibilidad de extinguir el contrato de prestación de servicios y contratar con otra empresa dicha prestación de servicios[129].

---

128. Sentencia del Tribunal Supremo (Sala de lo Social) n.º 288/2022, de 31 de marzo de 2022, Rec. 59/2020 (RJ 2022, 1934).
129. Sentencia del Tribunal Supremo (Sala de lo Social) de 5 de noviembre de 2008, Rec. 74/2007 (RJ 2008, 7408).

¿Tiene legitimación para impugnar un convenio colectivo una administración pública? 106

Sí, tanto la Administración General del Estado como la Administración de las comunidades autónomas tienen legitimación activa para incoar el procedimiento de impugnación de convenio colectivo por ilegalidad, siempre que esté dentro de su ámbito de actuación, tal y como establece el artículo 165.1.a) de la LRJS.

Igualmente, tendrían legitimación activa para incoar el procedimiento de impugnación de convenio colectivo siempre que alegaran que se les ha ocasionado un perjuicio, y que no se encuentran dentro de su ámbito de aplicación, teniendo la condición de terceros, tal y como establece el artículo 165.1.b) de la LRJS.

Por ello, se le ha reconocido la legitimación activa a un ayuntamiento que impugnaba un convenio colectivo sectorial provincial como consecuencia de que alegaba como perjuicio el incremento de las tablas salariales del convenio colectivo, y por lo tanto el aumento de los costes que tenía que asumir respecto del personal que tenía prestando servicios para una empresa pública en dicho sector, de la que era titular, y a través de la cual había asumido la gestión directa del servicio[130], aunque se desestima su pretensión como consecuencia de que no se podría considerar el incremento de los salarios como lesivo a los efectos del artículo 163.1 de la LRJS, sino que se trata de la aplicación normativa y el efecto vinculante de los convenios colectivos[131].

¿Tiene legitimación para impugnar un convenio colectivo la Autoridad Laboral? 107

Sí, la Autoridad Laboral competente para el registro y depósito en cada caso del convenio o acuerdo colectivo que se pretende registrar,

---

130. Sentencia del Tribunal Supremo (Sala de lo Social) n.º 52/2020, de 23 de enero de 2020, Rec. 157/2018 (RJ 2020, 432).
131. Sentencia del Tribunal Supremo (Sala de lo Social) n.º 673/2022, de 14 de julio de 2022, Rec. 45/2021 (RJ 2022, 4759).

depositar y publicar tiene legitimación activa para incoar el procedimiento de impugnación de convenio colectivo, al tener la legitimación para incoar el procedimiento de oficio, tal y como establece el artículo 163.1 de la LRJS.

Además, en el caso de que no lo hiciera de oficio la Autoridad Laboral competente, cualquiera de los sujetos legitimados por el artículo 165.1 de la LRJS puede solicitar a dicha autoridad que incoe el procedimiento de impugnación de convenio colectivo de oficio, aunque ello no suponga que esté obligada a hacerlo, tal y como establece el artículo 163.2 de la LRJS, que establece la posibilidad de que no responda a dicha solicitud, o que la desestime.

En cualquier caso, en el supuesto de que la Autoridad Laboral pretendiese la impugnación del convenio colectivo, ya sea por ilegalidad o por lesividad, no deberá estar al plazo de 15 días que establece el artículo 163.3 de la LRJS que es un plazo que deben esperar otros sujetos legitimados antes de impugnar, pero no un plazo de impugnación para la autoridad laboral, que puede incluso impugnar, aunque el convenio colectivo ya se haya registrado y publicado[132].

No obstante, no se le reconoce legitimación activa a la autoridad laboral estatal para impugnar un convenio colectivo autonómico en el caso de que se hayan transferido las competencias en materia de ejecución de la normativa laboral a dicha comunidad autónoma, siendo la competencia en ese caso de la autoridad laboral autonómica, y no la estatal[133].

108 **¿Tienen legitimación para impugnar el convenio colectivo los firmantes del mismo?**

Sí, la firma de un convenio colectivo no impide que el mismo pueda ser impugnado posteriormente por los firmantes del mismo,

---

132. Sentencia del Tribunal Supremo (Sala de lo Social) de 31 de marzo de 1995, Rec. 2207/1994 (RJ 1995, 2353).

133. Sentencia del Tribunal Supremo (Sala de lo Social) de 29 de abril de 2003, Rec. 120/2002 (RJ 2004, 1344).

siempre y cuando reúnan las condiciones de legitimación activa conforme a lo previsto en el artículo 165.1.a) de la LRJS, dado que no permitir que el convenio colectivo pueda ser impugnado por vicios en su negociación y aprobación, y por lo tanto, por ser contrario a la legalidad o a la CE, por quiénes lo firmaron sería contrario al derecho a la tutela judicial efectiva, y al principio *pro actione* que deriva del mismo[134].

En este sentido, se reconoce legitimación activa para la impugnación de convenios colectivos a las administraciones públicas que firmaron dichos convenios colectivos argumentando que el ordenamiento jurídico les reconoce la posibilidad de revisar sus actos propios, conforme a lo establecido en la LPAC, y al resto de sujetos legitimados para su impugnación por ilegalidad como consecuencia de que el artículo 1.302 del CC permite la impugnación de los contratos por sus firmantes cuando existan vicios en el consentimiento, o cuando el contrato sea contrario a normas imperativas que no son disponibles por las partes[135].

¿Tiene legitimación para impugnar un convenio colectivo una persona trabajadora?

No, no tienen legitimación para impugnar un convenio colectivo por ilegalidad, al no estar dentro de los sujetos legitimados reconocidos en el artículo 165.1.a) de la LRJS, y tampoco deberían tener legitimación para impugnar por lesividad, dado que realmente el concepto de persona trabajadora de una empresa conlleva que no pueda ser considerada un tercero a efectos del convenio colectivo que se aplique en su empresa o centro de trabajo, y que no pueda considerarse lesivo un convenio colectivo de otras empresas, dado que sus condiciones laborales no le son de aplicación.

---

134. Sentencia del Tribunal Supremo (Sala de lo Social) de 28 de septiembre de 2015, Rec. 277/2014 (RJ 2015, 5671).

135. Sentencia del Tribunal Supremo (Sala de lo Social) de 20 de septiembre de 2002, Rec. 1283/2001 (RJ 2003, 500).

Sin embargo, nada les impide que puedan impugnar las medidas que adopte la empresa en aplicación de un convenio colectivo que entiendan que es ilegal, tal y como les reconoce el propio artículo 163.4 de la LRJS, ya sea, a través de la modalidad de procedimiento ordinario, o en la modalidad procesal que corresponda, en función de la naturaleza de la medida empresarial que se impugne, siendo ello acorde al derecho a la tutela judicial efectiva[136].

110 ¿Tienen legitimación para impugnar un convenio colectivo un funcionario público?

Sí, a diferencia de las personas trabajadoras, en el caso de los funcionarios públicos existen una serie de particularidades que han conllevado que se les haya considerado en algún supuesto como terceros a los que un convenio colectivo les puede ser lesivo, sin necesidad de que estén dentro de su ámbito de aplicación, cumpliendo con los requisitos previstos en el artículo 165.1.b) de la LRJS.

De ese modo, se le ha reconocido legitimación activa para impugnar un convenio colectivo por lesividad a un grupo de funcionarios públicos que impugnaron un convenio colectivo de personal laboral de la misma administración pública para el que prestaban servicios como consecuencia de que dicho convenio colectivo llevaba a cabo un proceso de funcionarización que podría afectar a sus derechos profesionales[137].

111 ¿Hay algún otro sujeto al que se le reconozca de forma específica legitimación para impugnar un convenio colectivo?

Sí, el artículo 165.1.a) de la LRJS le reconoce legitimación activa para incoar el procedimiento de impugnación de convenio colectivo por ilegalidad del convenio colectivo o laudo arbitral que se impugne

---

136. Sentencias del Tribunal Constitucional n.º 81/1990 de 4 de mayo de 1990, Rec. 315/1988 (RTC 1990, 81) y 157/2002 de 16 de septiembre de 2002, Rec. 1707/1998 (RTC 2002, 157).
137. Sentencia del Tribunal Supremo (Sala de lo Social) de 11 de febrero de 2014, Rec. 742/2013 (RJ 2014, 1855).

a dos sujetos a los que no le reconoce dicha legitimación en el caso del procedimiento de conflicto colectivo.

Por un lado, le reconoce legitimación al Ministerio Fiscal, siendo dicho reconocimiento legal un reflejo del deber constitucional que se le encomienda a la citada institución en el artículo 124 de la CE, dado que, ésta tiene como finalidad promover las acciones necesarias para garantizar la legalidad. Por lo tanto, dado que el procedimiento de impugnación de convenios colectivos tiene como una de sus finalidades garantizar el cumplimiento de los convenios colectivos con la legalidad vigente, así como, con la CE, es necesario que el Ministerio Fiscal tenga reconocida legitimación para incoar dicho procedimiento en el caso de que estime que el convenio colectivo o el laudo arbitral es contrario a la ley.

Respecto a la legitimación activa del Ministerio Fiscal, se debe destacar también que, en aquellos supuestos en los que en un procedimiento ordinario o colectivo se haya impugnado una medida empresarial alegando que la norma convencional que se aplica es contraria a la legalidad vigente, el juez o tribunal que haya resuelto deberá ponerlo en conocimiento del Ministerio Fiscal para que pueda plantear, en su caso, la impugnación del convenio colectivo a través del procedimiento de impugnación de convenio colectivo, tal y como establece el artículo 163.4 de la LRJS.

De igual modo, se le reconoce legitimación al Instituto de la Mujer, así como a los órganos correspondientes de las comunidades autónomas que tengan la misma función que dicha institución, pero en el ámbito autonómico, aunque en este caso la legitimación no es general, sino que está limitada a la impugnación en aquellos supuestos en los que las cláusulas convencionales puedan ser discriminatorias por razón de sexo, ya sea de forma directa o indirecta.

¿Qué se considera tercero a efectos de la determinación de la existencia de legitimación activa para impugnar un convenio colectivo? 112

El artículo 165.1.b) de la LRJS establece que tendrán legitimación para incoar el procedimiento de impugnación de convenio colectivo, por existencia de lesividad, y no por ilegalidad, los terceros cuyo interés haya resultado gravemente lesionado. Igualmente, especifica que no se consideran terceros ni las empresas ni las personas trabajadoras que se encuentra dentro del ámbito de aplicación del convenio colectivo o del laudo arbitral que se impugna.

En este sentido, para que nos encontremos ante un supuesto en el que un tercero tenga legitimación para la impugnación de un convenio colectivo, es necesario que se cumplan dos requisitos acumulativos: (i) debe tratarse efectivamente de un tercero, en el sentido de que no esté afectado por el ámbito de aplicación de la norma convencional, ya que, en caso contrario, no sería un sujeto ajeno a la norma, y por lo tanto, difícilmente se podría hablar de tercero ni siquiera en el uso común del término, y (ii) debe producirse una lesión grave del interés de dicho tercero, debiendo ser un daño real y grave, y no simplemente potencial o hipotético, sin necesidad de que haya un especial ánimo por los negociadores del convenio colectivo de causarlo.

Por lo tanto, la definición de tercero legitimado para la incoación del procedimiento de impugnación de convenios colectivos por lesividad es abierta, de manera que permite que pueda encajar dentro de ella prácticamente cualquier sujeto, siempre y cuando cumpla con sendos requisitos.

Sin perjuicio de que en las cuestiones anteriores han sido puestos ejemplos de cuando pueden ser considerados terceros determinados sujetos, a título ejemplificativo, se destacan los siguientes supuestos: (i) asociación de empresas de trabajo temporal que impugna un convenio colectivo provincial que limita el derecho de contratación a través de ETTs[138], (ii) los funcionarios de un ayuntamiento para impugnar un convenio colectivo de dicho ente para su personal laboral que funcionariza determinados puestos de trabajo afectándoles en su carrera profesional,[139] (iii) un colegio oficial de farmacéuticos y una asociación empresarial en el caso de que se impugna un convenio colectivo como

---

138. Sentencia del Tribunal Supremo (Sala de lo Social) de 22 de diciembre de 2015, Rec. 53/2015 (RJ 2015, 6426).
139. Sentencia del Tribunal Supremo (Sala de lo Social) de 11 de febrero de 2014, Rec. 742/2013 (RJ 2014, 1855).

consecuencia de que atribuye de forma exclusiva mediante el convenio colectivo del personal laboral de un ministerio el derecho de utilizar talonarios de farmacias militares para la extracción de medicamentos, o (iv) una administración autonómica para impugnar un convenio colectivo de enseñanza en cuyo caso sea el sujeto que asume el pago delegado de los salarios de los docentes[140].

A sensu contrario, no se han considerado terceros los siguientes supuestos: (i) empresa que impugna un convenio colectivo sectorial dentro de cuyo ámbito de aplicación se encuentra[141] o (ii) una asociación de viudas que impugnan un convenio colectivo como consecuencia de que no acreditó la existencia de lesividad del mismo[142].

¿Se puede discutir la falta de legitimación activa en fase de recurso?   113

No, a diferencia de la inadecuación de procedimiento, o de la falta de competencia objetiva, la falta de legitimación activa, no se trata de una cuestión de orden público procesal, de manera que, si no se puso de manifiesto en el acto del juicio, ni se puede plantear de oficio por el órgano judicial que resuelva en fase de recurso, ni tampoco se puede plantear por la propia parte recurrente o impugnante.

En consecuencia, aunque no exista legitimación activa en el proceso, en el caso de que la misma no se plantease en el acto del juicio, ésta no se puede plantear ni apreciar con posterioridad.

¿Qué sujetos deben ser imperativamente demandados en una demanda de impugnación de convenio colectivo?   114

El artículo 165.2 de la LRJS establece que estarán pasivamente legitimadas todas las representaciones integrantes de la comisión o

---

140. Sentencia del Tribunal Supremo (Sala de lo Social) de 21 de octubre de 2010, Rec. 59/2009 (RJ 2010, 7819).

141. Sentencia del Tribunal Supremo (Sala de lo Social) n.º 781/2016, de 27 de septiembre de 2016, Rec. 203/2015 (RJ 2016, 4932).

142. Sentencia del Tribunal Supremo (Sala de lo Social) de 6 de junio de 2001, Rec. 4769/2000 (RJ 2001, 5494).

mesa negociadora del convenio colectivo. Por lo tanto, conforme a la propia redacción del precepto, parece que habría que demandar a todos los sujetos que formaron parte en algún momento de la comisión negociadora como miembros de ella, con independencia de que finalmente alcanzaran o no el acuerdo.

Sin embargo, dicha interpretación no parece muy lógica ni racional, dado que, la finalidad de demandar a todos los firmantes de un convenio colectivo no es otra que la de que los mismos puedan ejercer su derecho a la tutela judicial efectiva, y garantizar los efectos vinculantes del convenio colectivo, acreditando que el mismo es conforme con la legalidad vigente, y la CE.

En cualquier caso, la literalidad del artículo 165.2 de la LRJS no habla de firmantes, sino de integrantes, de manera que, si se quiere ser respetuoso con el contenido literal de dicho precepto, y evitar el riesgo de que se declare la falta de litisconsorcio pasivo necesario, se debería demandar a todos los sujetos que fueron integrantes de la comisión negociadora, entendida no como los miembros individuales que las conformaron, sino los sujetos colectivos a los que representaban.

Sin perjuicio de lo anterior, se debe tener en cuenta que, en el caso de que se haya negociado y acordado un convenio colectivo por parte del comité intercentros de la empresa, el no demandar a dicho órgano de representación conlleva la existencia de falta de litisconsorcio pasivo necesario, de manera que no se puede estimar la pretensión como consecuencia de que no está correctamente conformada la *litis*, sin que sea adecuado que se demande a los sindicatos que están representados en dicho órgano de representación[143].

Igualmente, en el caso de que se negociara el convenio colectivo por parte de las secciones sindicales de la empresa, no será necesario que se demande a los órganos de representación unitaria, sin que nos encontremos ante un caso de litisconsorcio pasivo necesario. Por lo tanto, en el caso de que se optase por negociar el convenio colectivo

---

143. Sentencia del Tribunal Supremo (Sala de lo Social) de 14 de julio de 2000, Rec. 2723/1999 (RJ 2000, 9642).

con la representación sindical, no será necesario demandar a la representación unitaria, y viceversa[144].

¿En qué supuesto es obligatorio que el Ministerio Fiscal sea parte en el proceso? **115**

En todos los supuestos, dado que así se establece dicha obligación de forma expresa por el artículo 165.4 de la LRJS, como consecuencia de que el objeto del procedimiento no es otro que declarar, en su caso, la nulidad de una norma jurídica, aunque sea convencional, y no legal, por lo que es necesario que sea parte en el procedimiento el Ministerio Fiscal, para que pueda cumplir con las competencias que le otorga el artículo 124 de la CE.

Por lo tanto, es necesario que en cualquier demanda de impugnación de convenio colectivo se demande al Ministerio Fiscal, y en el caso de que no se haga, no estará bien constituida la *litis*[145].

Es importante destacar que el Ministerio Fiscal no tiene como función perseguir que se declare nulo el convenio colectivo, ni que el mismo se declare válido, sino que se garantice el respeto de la legalidad, de manera que su función en el procedimiento puede variar en función de las circunstancias concretas de cada caso.

E. CONTENIDO DE LA DEMANDA

¿Qué particularidades tiene el inicio del proceso a través de comunicación de oficio por parte de la Autoridad Laboral? **116**

Los artículos 163 y 164 de la LRJS establecen una serie de particularidades relativas al procedimiento de impugnación de convenio

---

144. Sentencia del Tribunal Supremo (Sala de lo Social) de 3 de febrero de 2015, Rec. 64/2014 (RJ 2015, 885).

145. Sentencia del Tribunal Supremo (Sala de lo Social) de 12 de febrero de 1996, Rec. 3489/1993 (RJ 1996, 1011).

colectivo en el caso de que el mismo sea incoado de oficio por la autoridad laboral.

Así, se permite que la autoridad laboral promueva dicho procedimiento mediante la comunicación al juzgado de lo social o autoridad laboral competente, tal y como establece el artículo 163.1 de la LRJS.

Igualmente, el artículo 163.2 de la LRJS establece que en el caso de que el convenio colectivo aún no haya sido registrado en la oficina pública competente, en el caso de que quieran incoar procedimiento de impugnación de dicho convenio colectivo el resto de los sujetos legitimados para dicha impugnación conforme a lo previsto en el artículo 165.1 de la LRJS, es necesario que soliciten a la autoridad laboral competente que de oficio presente su comunicación de impugnación del texto convencional. En este caso, el artículo 163.3 de la LRJS prevé que cuando la autoridad laboral no contestara la solicitud en el plazo de quince días, la desestimara, o el convenio colectivo hubiera sido ya registrado, los sujetos legitimados para ello podrán incoar el procedimiento de impugnación del convenio colectivo.

Por lo tanto, se establece una preferencia por la impugnación de oficio del convenio colectivo mientras el mismo no ha sido registrado, aunque tras dicho registro, o tras la respuesta negativa, o ausencia de respuesta por parte de la autoridad laboral competente, desaparece dicha preferencia.

Respecto al contenido de la comunicación de oficio, el artículo 164 de la LRJS establece que debe ser el siguiente:

– Concreción de la legislación y extremos de ella que se consideren vulnerados por el convenio colectivo que se impugna;

– Referencia sucinta a la fundamentación jurídica de la ilegalidad. Este es un requisito particular del procedimiento de impugnación de convenios colectivos, que no se exige en el procedimiento ordinario, y que tiene como fundamento evidente el hecho de que el objeto del procedimiento es la declaración de nulidad de una norma jurídica, aunque con carácter convencional, de manera que su contenido es puramente jurídico, siendo fundamental, por tanto, que se justifiquen los motivos por los que se impugna dicho convenio colectivo; y

– Relación de las representaciones integrantes de la comisión o mesa negociadora del convenio colectivo impugnado, y en el caso de que se alegue la existencia de lesividad del convenio colectivo, se deberá incluir la relación de terceros reclamantes, presuntamente lesionados con la indicación de los intereses que se trata de proteger.

Además, se debe tener en cuenta que las partes del procedimiento serán diferentes en función de si hay o no denunciantes o terceros lesionados ante la autoridad laboral, ya que, si los hubiera, el procedimiento continuaría con ellos (artículo 164.4 de la LRJS), mientras que, si no los hay, será citada la representación legal de la autoridad laboral que ha realizado la comunicación de oficio (artículo 164.5 de la LRJS).

¿Cuáles son los requisitos particulares de la demanda de impugnación de convenio colectivo?

117

La demanda que incoa el procedimiento de impugnación de convenio colectivo debe cumplir los requisitos previstos para la demanda relativos al procedimiento ordinario, que son los requisitos generales para cualquier reclamación, conforme a lo previsto en el artículo 80 de la LRJS, y además, debe cumplir con los requisitos expresamente contenidos en el artículo 164 de la LRJS para la comunicación de oficio de la autoridad laboral que se han recopilado en la cuestión anterior, tal y como prevé el artículo 165.3 de la LRJS, debiendo acompañar a la demanda el convenio colectivo y sus copias, aunque en algún caso se había cuestionado que la demanda tuviera que incluir el contenido previsto en el artículo 164 de la LRJS[146].

---

146. Sentencia del Tribunal Supremo (Sala de lo Social) n.º 438/2016, de 18 de mayo de 2016, Rec. 140/2015 (RJ 2016, 3183).

En el caso de que la demanda de impugnación de convenio colectivo no cumpla con los requisitos anteriormente mencionados, entre los que se destaca la concreción de los preceptos que son contrarios a la legalidad vigente o a la CE, así como la fundamentación jurídica para ello, sería causa suficiente para no estimar la demanda[147].

118 **¿Cuál es el plazo para interponer demanda de impugnación de convenio colectivo?**

No existe plazo para la incoación del procedimiento de convenio colectivo, sino que se puede impugnar el mismo mientras este subsista, tal y como establece el artículo 163.3 de la LRJS, no estando sujeta ni siquiera al plazo general de un año que establece el artículo 59 del ET[148].

Como consecuencia de ello, se ha permitido que una asociación empresarial impugne un convenio colectivo pese a que dicha asociación había sido constituida tras la publicación del convenio colectivo que se pretende impugnar[149].

F. TRAMITACIÓN DEL PROCESO DE IMPUGNACIÓN DE CONVENIO COLECTIVO

119 **¿Qué ocurre si se interpone una demanda de impugnación de convenio colectivo por un procedimiento inadecuado?**

El artículo 102.2 de la LRJS establece que se deberá dar al procedimiento la tramitación adecuada a la pretensión ejercitada, con independencia de la modalidad procesal que haya sido elegida por las

---

147. Sentencia del Tribunal Supremo (Sala de lo Social) de 3 de mayo de 2001, Rec. 1434/2000 (RJ 2001, 5196).

148. Sentencia del Tribunal Supremo (Sala de lo Social) n.º 135/2019, de 22 de febrero de 2019, Rec. 226/2017 (RJ 2019, 1479).

149. Sentencia del Tribunal Supremo (Sala de lo Social) de 15 de marzo de 2004, Rec. 60/2003 (RJ 2004, 4389).

partes, completando en su caso los trámites que fueran procedentes, sobreseyéndose el procedimiento únicamente en aquellos supuestos en los que no sea posible reconducir la tramitación del procedimiento a través del cauce adecuado.

Así, se ha permitido la reconducción de un procedimiento de conflicto colectivo a un procedimiento de impugnación de convenio colectivo, cuando era esta la pretensión que se contenía en el escrito de demanda, siempre que los sujetos tuvieran legitimación suficiente, y se demandara al Ministerio Fiscal, al tratarse de un legitimado necesario en dicho procedimiento[150].

En el caso de que no se corrija dicha inadecuación de procedimiento siendo ello posible, sino que se continúe con el mismo, ello será causa de nulidad de actuaciones[151].

¿Qué ocurre en el caso de que la demanda interpuesta sea defectuosa? **120**

Al igual que se prevé en el caso del procedimiento ordinario, si se detectan defectos procesales en la interposición de la demanda, el Letrado de la Administración de Justicia dará al demandante un plazo de 10 días para que subsane los defectos que se han detectado en la demanda, tal y como establece el artículo 164.3 de la LRJS.

¿Se pueden interponer recursos contra las resoluciones de trámite **121** **que se dicten durante el proceso?**

No, no se pueden interponer recursos de reposición contra las resoluciones de trámite que se dicten durante el procedimiento, tal y como establece el artículo 186.4 de la LRJS, sin perjuicio de las alegaciones que se puedan realizar durante el trámite de la vista en el juicio.

---

150. Sentencia del Tribunal Supremo (Sala de lo Social) n.º 729/2020, de 30 de julio de 2020, Rec. 196/2018 (RJ 2020, 3991).
151. Sentencia del Tribunal Supremo (Sala de lo Social) de 10 de diciembre de 2003, Rec. 3/2003 (RJ 2004, 1783).

122 **¿Qué ocurre si durante la tramitación del procedimiento de impugnación de convenio colectivo se deroga o se sustituye por otro?**

En ese caso se produce una carencia sobrevenida del objeto, y por lo tanto, nos encontramos ante una falta de acción, pues no cabe pronunciarse sobre la legalidad de una norma convencional que ya no forma parte del ordenamiento jurídico, aunque en el momento en el que se incoo la acción dicho convenio colectivo estuviera vigente, sin perjuicio de que a través del procedimiento ordinario o del conflicto colectivo puedan ejercitar las reclamaciones oportunas derivadas de la declaración de nulidad del convenio colectivo que ha sido derogado[152].

123 **¿Puede existir litispendencia entre un procedimiento de impugnación de convenio colectivo y un procedimiento de conflicto colectivo?**

Sí, la existencia de un procedimiento de impugnación de convenio colectivo en el que se plantea la legalidad de una determinada cláusula de un convenio colectivo produce litispendencia sobre un procedimiento de conflicto colectivo en el que se plantean discrepancias interpretativas sobre la misma cláusula.

La sustanciación de proceso para depurar la legalidad de determinada cláusula de un convenio colectivo produce litispendencia en el de conflicto colectivo que se promueve por discrepancias interpretativas sobre la misma cláusula, aunque no se trate de acciones idénticas, dado que la resolución del procedimiento de impugnación de convenio colectivo tiene efectos evidentes sobre el procedimiento de conflicto colectivo[153].

124 **¿Puede existir litispendencia entre dos procedimientos de impugnación de convenios colectivos?**

Sí, existe litispendencia entre dos procedimientos de impugnación de convenio colectivo cuando se impugnen total o parcialmente

152. Sentencia del Tribunal Supremo (Sala de lo Social) de 18 de junio de 2014, Rec. 187/2013 (RJ 2014, 4759).
153. Sentencia del Tribunal Supremo (Sala de lo Social) de 1 de junio de 1994 (RJ 1994, 5398).

preceptos coincidentes en ambos procedimientos, aunque no exista identidad de sujetos, porque la resolución tiene efectos *erga omnes*, y no sólo entre las partes que forman parte del procedimiento[154].

¿Puede existir litispendencia entre un procedimiento de impugnación de convenio colectivo y procedimientos ordinarios individuales en los que se discuta la aplicación de los preceptos impugnados?   **125**

No existe litispendencia en sentido estricto entre ambos procedimientos, aunque dado que los procedimientos individuales dependen de la sentencia que se dicte en el procedimiento de impugnación de convenio colectivo, se deben suspender los procedimientos individuales hasta que recaiga sentencia en el procedimiento de impugnación de convenio colectivo[155].

¿Qué consecuencias prácticas implica que el procedimiento de impugnación de convenios colectivos se declare como urgente y preferente?   **126**

Dado que al procedimiento de impugnación de convenio colectivo se le aplican las reglas del procedimiento de conflicto colectivo, conforme a lo establecido en el artículo 163.3 de la LRJS, el procedimiento será urgente y preferente conforme a lo previsto en el artículo 159 de la LRJS, teniendo preferencia absoluta sobre otros procedimientos, a excepción de los procedimientos de tutela de derechos fundamentales.

En relación con esta cuestión, no podemos obviar que la urgencia se proyecta sobre determinados aspectos de la tramitación del procedimiento, entre los que debemos destacar nuevamente, la imposibilidad de interponer recursos respecto de las resoluciones de trámite.

---

154. Sentencia del Tribunal Supremo (Sala de lo Social) de 18 de mayo de 1998, Rec. 2623/1997 (RJ 1998, 4655).
155. Sentencia del Tribunal Supremo (Sala de lo Social) de 24 de diciembre de 1997, Rec. 1420/1997 (RJ 1998, 445).

Además, el hecho de que sea un procedimiento urgente conlleva que el mes de agosto sea un mes hábil a efectos procesales, tal y como establece el artículo 43.4 de la LRJS.

Igualmente, se refleja en el plazo para dictar sentencia, ya que se establece en el artículo 166.2 de la LRJS que la misma se debe dictar en el plazo de los 3 días siguientes a la celebración del juicio.

G. CELEBRACIÓN DE JUICIO Y SENTENCIA

127 **¿Qué contenido tienen las sentencias derivadas de un proceso de impugnación de convenio colectivo?**

La sentencia que se dicte en el procedimiento de impugnación de convenio colectivo tiene como contenido la declaración o no de nulidad total o parcial de un convenio colectivo, tal y como establece el artículo 164.4 de la LRJS.

Por lo tanto, no es contenido de la sentencia derivada de un procedimiento de impugnación de convenio colectivo la calificación de un convenio colectivo extraestatutario válido, sin perjuicio de que en función de por qué motivo se declare nulo el convenio colectivo se pueda entender que el mismo está dotado de dicho carácter.

Además, se debe tener en cuenta que, las sentencias que se dictan en procedimientos de impugnación de convenio colectivo y cuyo contenido es el reconocimiento de la nulidad del convenio colectivo, tienen naturaleza declarativa, y no constitutiva, de manera que se limitan a constatar que la normativa convencional era nula por ser contraria a una norma jerárquicamente superior, de manera que no habría tenido efectos nunca[156].

Sin embargo, en el caso de que no se aprecie que el convenio colectivo es ilegal, sino que hay una interpretación integradora que permite su adecuación al ordenamiento jurídico, la resolución que se dicta no realiza una interpretación del convenio colectivo impugnado que produce efectos de cosa juzgada respecto a posibles conflictos

---

156. Sentencia del Tribunal Supremo (Sala de lo Social) de 11 de mayo de 2010, Rec. 1731/2009 (RJ 2010, 6821).

futuros que se puedan plantear en relación con la interpretación de dicho precepto, sino que se debe limitar a desestimar la demanda[157].

Igualmente, se debe destacar que la sentencia puede declarar la nulidad parcial de un convenio colectivo, sin que sean válidas las cláusulas convencionales que establecen que el convenio colectivo es un conjunto y que la nulidad de alguno de sus preceptos conlleva la nulidad de todo el texto convencional[158].

¿Producen efectos de cosa juzgada las sentencias derivadas de un proceso de impugnación de convenio colectivo?   **128**

La sentencia derivada del procedimiento de impugnación de convenio colectivo produce efectos de cosa juzgada sobre los procedimientos individuales pendientes de resolución, tal y como establece el artículo 166.2 de la LRJS.

Sin embargo, dicha sentencia produce efectos de cosa juzgada respecto de otros procedimientos de impugnación de convenio colectivo que se pueda incoar sobre los mismos preceptos siempre y cuando los mismos se anulen, pero no tendrá efectos de cosa juzgada respecto a posibles demandas que se puedan producir en el futuro sobre los mismos preceptos, aunque por diferentes sujetos y con una fundamentación diferente[159], cuando no se hayan anulado.

¿En qué supuestos son recurribles las sentencias que derivan de procesos de impugnación de convenios colectivos?   **129**

Las sentencias dictadas en procedimientos de impugnación de convenios colectivos son recurribles en todo caso, tanto en suplicación,

---

157. Sentencia del Tribunal Supremo (Sala de lo Social) n.º 369/2018, de 4 de abril de 2018, Rec. 108/2017 (RJ 2018, 1926).
158. Sentencia del Tribunal Supremo (Sala de lo Social) de 30 de mayo de 2011, Rec. 69/2010 (RJ 2011, 5105).
159. Sentencia del Tribunal Supremo (Sala de lo Social) n.º 135/2019, de 22 de febrero de 2019, Rec. 226/2017 (RJ 2019, 1479).

tal y como establece el artículo 190.3.f) de la LRJS, como en casación ordinaria, tal y como se prevé en el artículo 206.1 de la LRJS, sin necesidad de cumplir con ningún requisito adicional, como podría ser la cantidad reclamada o el número de personas afectadas, dado que se trata de un reconocimiento de dicha posibilidad a la materia de conflicto colectivo.

130 **¿En qué supuestos se puede ejecutar la sentencia derivada de un proceso de impugnación de convenio colectivo?**

La sentencia se debe comunicar a la autoridad laboral y es ejecutiva desde que se dicta, tal y como establece el artículo 166.2 de la LRJS, teniendo eficacia inmediata, y efectos *erga omnes*[160]. *Todo ello sin perjuicio de la posibilidad de recurrir la misma.*

Igualmente, en el caso de que el fallo sea anulatorio, y el convenio colectivo estuviera publicado en algún boletín oficial, se deberá publicar la sentencia en el mismo, según lo previsto en el artículo 166.3 de la LRJS.

---

160. Sentencia del Tribunal Supremo (Sala de lo Social) de 26 de enero de 2005, Rec. 35/2003 (RJ 2005, 3158).

III

PROCESO DE TUTELA DE DERECHOS FUNDAMENTALES Y LIBERTADES PÚBLICAS

A. OBJETO DEL PROCESO DE TUTELA DE DERECHOS FUNDAMENTALES Y LIBERTADES PÚBLICAS

¿Qué derechos fundamentales y libertades públicas pueden ser reclamadas a través del proceso de tutela de derechos fundamentales y libertades públicas? **131**

El artículo 177.1 de la LRJS establece que se podrá reclamar por parte de cualquier trabajador o sindicato la lesión de los derechos a la libertad sindical, huelga u otros derechos fundamentales y libertades públicas, incluyendo la prohibición de tratamiento discriminatorio y acoso.

En relación con la referencia a otros derechos fundamentales, se deben incluir en dicho concepto todos los regulados en los artículos 14 a 29, ambos inclusive, así como, el contemplado en el artículo 30.2 de la CE, tal y como establece el artículo 53.2 de la CE, que contempla que estos derechos fundamentales se podrán reclamar ante los juzgados y tribunales a través de un procedimiento preferente y sumario, siendo dicho procedimiento la modalidad de procesal de tutela de derechos fundamentales y libertades públicas regulado en los artículos 177 y siguientes de la LRJS.

Por lo tanto, se podrían reclamar, entre otros derechos fundamentales, el derecho a la vida o a la integridad física y moral (artículo 15 de la CE), a libertad ideológica y la religiosa (artículo 16 de la CE), al honor, a la intimidad, a la propia imagen y a la protección de datos (artículo 18 de la CE), a la libertad de expresión e información (artículo 20 de la CE), de reunión (artículo 21 de la CE), de asociación (artículo 22 de la CE), a la participación en asuntos públicos (artículo

23 de la CE), a la tutela judicial efectiva (artículo 24 de la CE), a la libertad sindical y a la huelga (artículo 28 de la CE) o a la objeción de conciencia (artículo 30.2 de la CE).

No obstante, tal y como será desarrollado en cuestiones posteriores, para que los anteriores derechos fundamentales sean objeto del procedimiento de tutela de derechos fundamentales y libertades públicas, su vulneración se debe producir dentro del ámbito de la relación laboral, a excepción del derecho a la libertad sindical, cuya tutela no exige que se cumpla con dicho requisito. Como consecuencia de ello, si un sindicato le reclama a otro por entender que se ha producido una vulneración de su derecho al honor, la jurisdicción competente no sería la social, ni el procedimiento de tutela de derechos fundamentales y libertades públicas[161].

Pese a ello, y como particularidad a la regla general anterior, se debe tener en cuenta que sí podría ser objeto del procedimiento de tutela de derechos fundamentales y libertades públicas el supuesto en el que un afiliado reclama frente a su expulsión del sindicato del que además es secretario general de la comisión ejecutiva, dado que dicha materia sí es competencia de la jurisdicción social[162].

132 **¿Cuál es la pretensión del procedimiento de tutela de derechos fundamentales y libertades públicas?**

La pretensión del procedimiento de tutela de derechos fundamentales, tal y como se puede deducir de una lectura conjunta de los artículos 182 y 183 de la LRJS, es que se reconozca por los juzgados y tribunales que se ha producido una vulneración de los mismos, y en función del tipo de acción que ha producido dicha vulneración, que se declare la nulidad de la actuación realizada, que se cese de

161. Sentencia del Tribunal Supremo (Sala de lo Social) de 26 de diciembre de 1999, Rec. 1544/1999 (RJ 1999, 10088).
162. Sentencia del Tribunal Supremo (Sala de lo Social) de 2 de noviembre de 1999, Rec. 4225/1998 (RJ 1999, 9185).

inmediato la actuación contraria a los derechos fundamentales o que se prohíba la interrupción de una conducta que se desarrolla en el ejercicio de un derecho fundamental, así como, que se restablezca el derecho vulnerado y se reponga la situación al momento de producirse la lesión, incluyendo la indemnización correspondiente a los daños y perjuicios, y a los daños morales ocasionados. Se trata, por ende, de un procedimiento de cognición limitada.

¿Qué requisitos debe cumplir la lesión de derechos fundamentales **133** **y libertades públicas para que pueda instarse demanda de tutela de derechos fundamentales y libertades públicas?**

Se debe haber producido una efectiva vulneración del derecho fundamental, de manera que es necesario que la misma haya tenido lugar, no siendo suficiente con que pueda existir dicha vulneración potencial o futura del derecho fundamental, ya que no se trata de un procedimiento de carácter preventivo o que tiene como finalidad el evitar que se produzca la vulneración del derecho fundamental, sino que tiene que haberse producido la misma, para que se puede reconocer la existencia de una vulneración, y que se condene a su reparación[163].

Como consecuencia de ello, el hecho de que al momento de la interposición de la demanda se haya cesado en la conducta vulneradora de derechos fundamentales no conlleva que el procedimiento sea inadecuado, y que debe tramitarse a través del procedimiento ordinario[164].

Es importante tener en cuenta que, se debe haber producido una vulneración del derecho fundamental constitucionalmente reconocido, utilizando como referencia su contenido esencial, y no los

---

163. Sentencia del Tribunal Constitucional n.° 123/2007, de 21 de mayo de 2007, Rec. 563/2005 (RTC 2007, 123).
164. Sentencia del Tribunal Supremo (Sala de lo Social) de 20 de junio de 2000, Rec. 4140/1999 (RJ 2000, 5960).

derechos accesorios que se hayan reconocido a través del desarrollo legal y reglamentario de dichos derechos fundamentales, dado que los incumplimientos que se puedan producir en este sentido se tienen que ejercer a través del procedimiento ordinario o la modalidad procesal que corresponda, pero no a través de la modalidad procesal especial de tutela de derechos fundamentales[165].

Además, tal y como establece el artículo 177.1 de la LRJS, la lesión se debe producir en el ámbito de las relaciones jurídicas que son de conocimiento de la jurisdicción social, o que tienen conocimiento directo con las mismas, conforme a lo previsto en el artículo 2.f) de la LRJS, no siendo necesario que sean lesiones que hayan sido producidas únicamente por el empleador, sino que puede ser producida también por terceros que estén vinculados por cualquier título al empleador, cuando la vulneración tenga una conexión directa con la prestación de servicios.

Como consecuencia de lo anterior, quedarían fuera de dicho procedimiento las reclamaciones relativas a la impugnación de la determinación de los servicios mínimos de huelga como consecuencia de que se entienda que sea ha producido la vulneración del derecho fundamental a la huelga, al no tratarse de una materia respecto de la que la jurisdicción social sea competente[166].

Sin embargo, el hecho de que la jurisdicción social no sea competente para resolver sobre el acto administrativo de declaración de servicios mínimos de la administración competente, al ser un acto revisable ante la jurisdicción contencioso-administrativa, no conlleva que la jurisdicción social no sea competente para conocer de las decisiones adoptadas por parte de la empresa para el mantenimiento de la actividad que hayan rebasado los servicios mínimos fijados[167].

---

165. Sentencia del Tribunal Supremo (Sala de lo Social) de 9 de mayo de 2008, Rec. 164/2007 (RJ 2008, 4120).
166. Sentencia del Tribunal Supremo (Sala de lo Social) de 19 de diciembre de 2011, Rec. 218/2010 (RJ 2012, 382).
167. Sentencia del Tribunal Supremo (Sala de lo Social) de 16 de marzo de 1998, Rec. 1884/1997 (RJ 1998, 2993).

De igual forma, no sería objeto del procedimiento de tutela de derechos fundamentales y libertades públicas la reclamación de la lesión al derecho a la libertad sindical cuando la misma no se refiera a personas trabajadoras, sino a personal estatutario o a funcionarios, dado que. con carácter general, las cuestiones relativas a dicho tipo de personal están excluidas de la jurisdicción social, siendo competencia de la jurisdicción contencioso-administrativa, tal y como establece el artículo 3.c) de la LRJS.

¿Se puede acumular el proceso de tutela de derechos fundamentales y libertades públicas a otros procesos laborales? {134}

No, al procedimiento de tutela de derechos fundamentales, tal y como establece el artículo 178.1 de la LRJS, no se le pueden acumular acciones de otra naturaleza, al ser un procedimiento limitado a la constatación de la vulneración de derechos fundamentales.

Ello no impide que en el procedimiento de tutela de derechos fundamentales se reclamen diversas pretensiones con la finalidad de que se repare íntegramente el derecho fundamental vulnerado, de manera que, además de reconocer la lesión que se ha producido, se podrá reclamar que la acción que produce la lesión cese, o que prohíba la continuación de omitir determinada conducta, en los casos en los que dicha omisión sea la que produzca la lesión del derecho fundamental, y la indemnización por los daños y perjuicios, así como daños morales que se hayan producido como consecuencia de dicha lesión.

Lo anterior, se debe a que realmente no nos encontramos en dicho supuesto ante una acumulación de acciones, sino bajo la previsión de que en la sentencia el órgano judicial que resuelva el asunto, cuando reconozca la existencia de la vulneración de un derecho fundamental, declarará la nulidad radical de la conducta, y no sólo debe decretar el cese del comportamiento que ha producido la lesión, sino que deberá reponer la situación al momento previo de ocasionarse dicha lesión, con la reparación incluso de los daños y perjuicios ocasionados[168].

De igual forma, cono consecuencia de dicha prohibición de acumulación de acciones, en el procedimiento de tutela de derechos fundamentales y libertades públicas no es posible plantear la reconvención por la parte demandada[169].

135 **¿Qué diferencia al proceso especial de tutela de derechos fundamentales y al proceso ordinario?**

La principal diferencia entre el procedimiento ordinario y el de tutela de derechos fundamentales es que en el ordinario se puede reclamar el reconocimiento de un derecho o del abono de una cantidad económica concreta como consecuencia de la aplicación o interpretación de una norma legal, convencional o reglamentaria, mientras que en el procedimiento de tutela de derechos fundamentales, el objeto del mismo se limita al reconocimiento de la existencia o no de una lesión de un derecho fundamental, de manera que el procedimiento de tutela es de *cognitio limitada*[170]. Precisamente por ello, en el supuesto de que por parte de la empresa se incumpla un convenio colectivo, el procedimiento no sería el de tutela de derechos fundamentales, sino el ordinario, o de conflicto colectivo, dado que dicho incumplimiento no es en sí mismo una vulneración de la libertad sindical[171].

Por otro lado, y por mandato de lo previsto en el artículo 96 de la LRJS, en el procedimiento de tutela de derechos fundamentales se invierte la carga de la prueba siempre que se acrediten determinados indicios

---

168. Sentencia del Tribunal Supremo (Sala de lo Social) de 15 de diciembre de 2008, Rec. 14/2007 (RJ 2009, 388).
169. Sentencia del Tribunal Supremo (Sala de lo Social) de 5 de junio de 2012, Rec. 62/2010 (RJ 2012, 9280).
170. Sentencia del Tribunal Constitucional n.º 116/2001, de 21 de mayo de 2001, Rec. 4097/1996 (RTC 2000, 58).
171. Sentencia del Tribunal Supremo (Sala de lo Social) de 10 de diciembre de 2013, Rec. 82/2013 (RJ 2014, 2389).

de que se ha producido la vulneración de derechos fundamentales, siendo el demandado quien tendrá que acreditar que no ha existido dicha lesión o que la conducta desplegada y sujeta a control judicial responde a criterios objetivos y justificados que despejen la vulneración alegada, mientras que, en el caso del procedimiento ordinario rigen las normas ordinarias de las cargas probatorias previstas en el artículo 217 de la LEC.

En consecuencia con lo anterior, en el caso del procedimiento de tutela de derechos fundamentales y libertades públicas, o en la modalidad procedimental especial de que se trate y en la que se alegue vulneración de derechos fundamentales, si la parte actora acredita unos hechos indiciarios de discriminación, como puede ser una conexión temporal entre el ejercicio de un determinado derecho y una decisión empresarial, es suficiente para invertir la carga de la prueba y que la empresa demandada tenga que acreditar que la decisión adoptada es totalmente ajena al ejercicio del derecho fundamental, y que responde a una razón objetiva y no discriminatoria[172].

De otra parte, en el caso del procedimiento de tutela de derechos fundamentales es obligatorio que se cite al Ministerio Fiscal, mientras que en el procedimiento ordinario no se prevé dicha intervención procesal.

Finalmente, el procedimiento de tutela de derechos fundamentales es preferente y urgente (por mandato del art. 53 CE), de manera que no es necesaria la solicitud de conciliación o mediación previa, y el mes de agosto es hábil, mientras que en el procedimiento ordinario sí es necesario que se solicite la conciliación o mediación previa, y agosto es un mes inhábil.

¿Tiene derecho el demandante a elegir entre uno y otro procedimiento en cualquier caso?   **136**

No, se debe tener en cuenta que en aquellos supuestos en los que la acción que ha producido la vulneración del derecho fundamental

---

172. Sentencia del Tribunal Constitucional n.º 90/1997 de 6 de mayo de 1997, Rec. 3309/1994 (RTC 1997, 90).

sea impugnable respecto a determinados procedimientos específi-
camente reguladas en el artículo 184 de la LRJS, el procedimiento
de tutela de derechos fundamentales no será alternativo a dichas
modalidades procesales, sino que se deberá incoar el procedimiento
a través de las mismas, sin perjuicio de que a dicho procedimiento
se le acumule la pretensión de reconocimiento de vulneración de
derechos fundamentales y que se le apliquen las garantías propias
del procedimiento de tutela de derechos fundamentales, entre las
que se encuentra la participación del Ministerio Fiscal, o la urgencia
y preferencia del procedimiento.

En este sentido, las materias que regula el artículo 184 de la LRJS
son los siguientes: (i) despido y demás causas de extinción del contrato
de trabajo, (ii) modificación sustancial de las condiciones de trabajo,
(iii) suspensiones de contrato y reducción de jornada por causas económicas técnicas, organizativas o de producción, sí como las derivadas
de fuerza mayor, (iv) disfrute de vacaciones, (v) materia electoral, (vi)
impugnación de estatutos de los sindicatos o de su modificación, (vii)
movilidad geográfica, (ix) conciliación de la vida personal, familiar
y laboral, (x) impugnación de convenios colectivos, y (x) sanciones
disciplinarias.

Como consecuencia de lo anterior, se ha declarado que la reclamación de nulidad de un convenio colectivo por vulneración del derecho
a la libertad sindical a través del procedimiento de tutela de derechos
fundamentales y libertades públicas es inadecuada, debiendo interpo-
nerse a través de la modalidad procesal de impugnación de convenio
colectivo, o procedimiento ordinario o de conflicto colectivo, si lo
que se pretende impugnar es una medida de la empresa basada en
un precepto del convenio colectivo nulo[173].

En relación con lo anterior, es importante destacar que, más allá
de las garantías adicionales citadas que derivan de forma especial de la
pretensión de vulneración de derechos fundamentales, el resto de los

---

173. Sentencia del Tribunal Supremo (Sala de lo Social) de 7 de marzo de 2002,
Rec. 1177/2001 (RJ 2002, 4666).

requisitos formales de la modalidad procesal relativa a los mencionados procedimientos se deben cumplir en su integridad, sin que sufran ningún tipo de variación respecto a plazos de la acción, legitimados activos y pasivos, orden de participación en el acto del juicio, etc.

Por lo tanto, y salvo las excepciones anteriormente citadas, que en realidad contemplan entre ellas a la mayoría de las modalidades procesales especiales, la persona trabajadora o el sindicato tienen la posibilidad de elegir el procedimiento que estimen oportuno para garantizar la protección del derecho fundamental vulnerado. En este sentido, aunque impedir a un sindicato formar parte de una mesa negociadora, cuando ello esté injustificado, supone una vulneración del derecho a la libertad sindical, nada impide que el sindicato plantee su demanda a través del procedimiento de conflicto colectivo, en lugar de hacerlo a través del procedimiento de tutela de derechos fundamentales y libertades públicas.

Igualmente, y pese a lo previsto en el artículo 184 de la LRJS ya expuesto, se ha permitido que, tras alcanzar un acuerdo de conciliación en procedimiento de impugnación de despido, se plantee demanda de tutela de derechos fundamentales para ser indemnizado por la vulneración de derechos fundamentales producida, siempre y cuando lo que se pretenda no sea la declaración de la nulidad del despido, de manera que se permite la reclamación por separado de ambas acciones[174].

B. REQUISITOS PREVIOS A LA INTERPOSICIÓN DE DEMANDA

¿Es necesario realizar algún trámite previo a la interposición de demanda como requisito formal?

No, el artículo 64 de la LRJS establece que el procedimiento de tutela de derechos fundamentales no requiere que se celebre conciliación

---

174. Sentencia del Tribunal Supremo (Sala de lo Social) de 13 de junio de 2011, Rec. 2590/2010 (RJ 2011, 5336).

o mediación previa, siendo ello un reflejo del carácter urgente del procedimiento, así como de su carácter preferente, al ser el procedimiento que tiene preferencia respecto al resto de procedimientos, incluido el de conflicto colectivo, tal y como establece el artículo 159 de la LRJS.

Tampoco se exige la reclamación previa ante la administración pública regulada en el artículo 69 de la LRJS en el caso de que la lesión del derecho fundamental que se pretenda impugnar derive de la actuación de dicho tipo de sujeto.

Sin embargo, se debe tener en cuenta que, las excepciones anteriores no se extienden a cualquier procedimiento en el que se alegue la vulneración de derechos fundamentales, de manera que, en el caso de que se plantee demanda a través de la modalidad procesal de impugnación de despido, reclamando la nulidad del despido por vulneración de derechos fundamentales, dado que el despido no está exento de realizar conciliación o mediación previa, conforme a lo previsto en el artículo 64 de la LRJS, será obligatorio que se realice la conciliación o mediación previa, pese a que se haya acumulado la pretensión de vulneración de derechos fundamentales.

C. COMPETENCIA

138 **¿Qué órganos judiciales son competentes funcionalmente para enjuiciar demandas de tutela de derechos fundamentales y libertades públicas?**

Las demandas de tutela de derechos fundamentales y libertades públicas pueden ser planteadas en única instancia ante tres tipos diferentes de órganos judiciales, siendo los mismos los Juzgados de lo Social (artículo 6 de la LRJS), las Salas de lo Social de los Tribunales Superiores de Justicia (artículo 7 de la LRJS) y la Sala de lo Social de la Audiencia Nacional (artículo 8 de la LRJS), de manera que, al igual que sucede con los procedimientos de conflictos colectivos o de impugnación de convenios colectivos, tal y como vimos con anterioridad, es posible que conozcan en instancia única cualquiera de los órganos judiciales que componen la planta judicial en el ámbito laboral, a excepción del Tribunal Supremo, que como en la mayoría de los supuestos, en estos tampoco conocen en instancia única.

¿Qué criterios son aplicables para la determinación de la competencia funcional de los órganos judiciales en los procesos de tutela de derechos fundamentales y libertades públicas?

Con carácter general, de la interpretación conjunta de los artículos 7 a 9 de la LRJS, la competencia será de: (i) los juzgados de lo social cuando la lesión se haya producido en un territorio no supere la circunscripción territorial de un juzgado de lo social, (ii) los tribunales superiores de justicia cuando el ámbito territorial de la lesión supere la circunscripción territorial de un juzgado de lo social, pero sin superar el ámbito territorial de la comunidad autónoma, y (iii) la Audiencia Nacional cuando el ámbito territorial de la lesión supere el ámbito territorial de la comunidad autónoma.

En este sentido, es importante tener en cuenta que, a efectos de la determinación de la competencia de los juzgados y tribunales, se debe tener en cuenta el ámbito territorial en el que el daño se produce, y no el ámbito de actuación de los sujetos que toman las acciones que pueden ser calificadas como una lesión del derecho fundamental[175].

Así, en el caso de que un sindicato de ámbito estatal lesione un derecho fundamental de uno de sus representantes de dicho ámbito, al haberse producido la lesión en el territorio en el que éste se encuentra ubicado y desde el que desarrolla su actividad, la competencia sería de los juzgados de lo social[176].

Como consecuencia de ello, se ha declarado competente la Audiencia Nacional para resolver un supuesto en el que las lesiones

---

175. Sentencia del Tribunal Supremo (Sala de lo Social) de 13 de octubre de 2011, Rec. 177/2010 (RJ 2011, 7721).
176. Sentencia del Tribunal Supremo (Sala de lo Social) de 26 de marzo de 2001, Rec. 4363/1999 (RJ 2001, 4112).

de derechos fundamentales y libertades públicas se ha producido en Mallorca y Algeciras, y los domicilios de las personas trabajadoras radican en diferentes comunidades autónomas[177].

Además, en el caso de que como consecuencia de una actuación por parte de una comisión de un convenio colectivo nacional se hayan producido lesiones en diversas comunidades autónomas, los sujetos afectados en cada una de dichas comunidades autónomas no tienen libertad para decidir impugnar por separado ante cada uno de los tribunales superiores de justicia que se serían competentes en dichos territorios, sino que la competencia sería de la Audiencia Nacional, al haber afectado la lesión a distintas comunidades autónomas[178].

De igual forma, se ha resuelto que en un supuesto en el que se cuestiona la posible vulneración del derecho fundamental a la libertad sindical en su vertiente de derecho a la negociación colectiva derivado de no permitir la participación de un sindicato en una comisión negociadora, sería competente el Tribunal Superior de Justicia de Asturias si el convenio colectivo tuviera el ámbito de aplicación de la comunidad autónoma, pese a que la comisión negociadora se constituyera en Oviedo.

D. LEGITIMACIÓN

140 **¿Qué sujetos tienen legitimación activa para interponer una demanda de tutela de derechos fundamentales y libertades públicas?**

En principio, el artículo 177.1 de la LRJS, cuando se refiere a los sujetos que pueden incoar la acción, se refiere a la persona trabajadora o al sindicato, sin mencionar a ningún otro sujeto, como podrían ser de forma específica los órganos de representación.

---

177. Sentencia del Tribunal Supremo (Sala de lo Social) 11 de diciembre de 2000, Rec. 2327/1999 (RJ 2001, 808).

178. Sentencia del Tribunal Supremo (Sala de lo Social) de 11 de noviembre de 1998, Rec. 338/1998 (RJ 1998, 9625).

Como consecuencia de ello, se ha entendido que un comité de empresa o un comité intercentros no tienen reconocido el derecho fundamental a la libertad sindical, y por lo tanto, no pueden incoar el procedimiento de tutela de derechos fundamentales y libertades públicas.

Así, en aquellos supuestos en los que se ha planteado una demanda por vulneración del derecho de huelga por parte de un comité intercentros y de un sindicato, se ha entendido que el comité intercentros no tenía legitimación activa para incoar dicho procedimiento, mientras que sí la tenía el sindicato[179].

Sin embargo, ello no impide que los miembros de dichos órganos de representación incoen el correspondiente procedimiento de tutela de derechos fundamentales y libertades públicas, con base en el ejercicio de su propio derecho a la libertad sindical[180].

En relación con lo anterior, es importante destacar que el sindicato no tiene legitimación activa única y exclusivamente para reclamar las posibles vulneraciones de sus derechos fundamentales y libertades públicas, sino que tiene legitimación activa para interponer demanda a través de dicha modalidad procesal en aquellos casos en los que la vulneración o lesión se produce respecto de un grupo o colectivo genérico de personas trabajadoras[181].

Respecto a los sujetos legitimados, es importante tener en cuenta que, se ha sostenido que el procedimiento de tutela de derechos fundamentales es un procedimiento reservado al sindicato y a las personas trabajadoras, y por lo tanto, al mismo no tienen acceso las asociaciones empresariales[182]. En este sentido, no se puede obviar que la asociación

---

179. Sentencia del Tribunal Supremo (Sala de lo Social) de 16 de marzo de 1998, Rec. 1884/1997 (RJ 1998, 2993).
180. Sentencia del Tribunal Supremo (Sala de lo Social) de 26 de noviembre de 2013, Rec. 449/2013 (RJ 2013, 8431).
181. Sentencia del Tribunal Supremo (Sala de lo Social) de 25 de enero de 1999, Rec. 2567/1998 (RJ 1999, 897).
182. Sentencia del Tribunal Supremo (Sala de lo Social) de 1 de junio de 2009, Rec. 62/2008 (RJ 2009, 3295).

A. Novoa Mendoza, R. González Rodríguez

empresarial no se encuentra incluida en el ámbito del derecho a la libertad sindical, al tratarse de una organización de diferente naturaleza, de manera que no podría ampararse en el ejercicio de dicho derecho fundamental para fundamentar su acceso a un procedimiento especial como es el de tutela de derechos fundamentales y libertades públicas.

141 **¿Puede instar la autoridad laboral un proceso de tutela de derechos fundamentales y libertades públicas?**

No, la autoridad laboral como tal no tiene legitimación activa para incoar un procedimiento de tutela de derechos fundamentales, al no estar expresamente legitimada para ello.

Sin embargo, en virtud del artículo 148.c) de la LRJS, la autoridad laboral sí será competente para iniciar de oficio un procedimiento judicial en aquellos supuestos en los que hay actas de infracción o comunicaciones de la ITSS acerca de la constatación de discriminación por razón de sexo, origen racial o étnico, religión, convicciones, discapacidad, edad u orientación sexual u otros supuestos de discriminación.

Por lo tanto, aunque no tienen acceso como legitimado activo al procedimiento de tutela de derechos fundamentales y libertades públicas, como consecuencia de que no es un sujeto titular de derechos fundamentales, y que, por lo tanto, pueda sufrir la lesión de los mismos, nada le impide que incoe un procedimiento de oficio relativo a la existencia de discriminaciones por cualquier causa, y que reclame la tutela respecto de terceros del derecho a la igualdad y a no sufrir discriminaciones recogidos en el artículo 14 de la CE.

142 **¿Pueden intervenir otros sujetos en el procedimiento además de la víctima, la empresa y los sujetos responsables?**

Sí, además de los sujetos que hayan sufrido la lesión en sus derechos fundamentales o en sus libertades públicas, así como, las partes demandadas, y el Ministerio fiscal, el artículo 177.2 de la LRJS establece la posibilidad de que en aquellos supuestos en los que el sujeto lesionado sea la persona trabajadora, se podrá personar como coadyuvante el sindicato al que ésta pertenezca, o cualquier otro sindicato que tenga reconocida la condición de más representativo. En relación con esta cuestión, es importante destacar que, en el supuesto de que el procedimiento se tramite a través de una modalidad procesal diferente conforme a lo previsto en el artículo 184 de la LRJS, la posibilidad de que exista como demandante un sindicato coadyuvante es una de las garantías adicionales que se deben tener en cuenta en dicho procedimiento[183].

Igualmente, en los supuestos en los que la lesión que se haya producido sea un supuesto de discriminación, el artículo 29.1 de la Ley 15/2022 le reconoce legitimación activa para defender los derechos e intereses de las personas afiliadas o asociadas, siempre que cuenten con la correspondiente autorización, a los siguientes sujetos: (i) los partidos políticos, (ii) los sindicatos, (iii) las asociaciones profesionales de trabajadores autónomos, (iv) las organizaciones de personas consumidoras y usuarias, y (v) las asociaciones y organizaciones legalmente constituidas que tengan entre sus fines la defensa y promoción de los derechos humanos estarán legitimadas.

Sin embargo, tanto unos como otros sujetos, no podrán personarse, recurrir o continuar el proceso contra la voluntad de la persona trabajadora perjudicada, al depender de la autorización de la persona lesionada, y si se retira la misma, no podrá continuar en el procedimiento.

¿Qué sujetos deben ser demandados en una demanda de tutela de derechos fundamentales y libertades públicas?   **143**

En virtud del artículo 177.4 de la LRJS, el sujeto que haya sufrido la lesión de sus derechos fundamentales y libertades públicas podrá

---

183. Sentencia del Tribunal Constitucional n.º 257/2000 de 30 de octubre de 2000, Rec. 3616/1997 (RTC 2000, 257).

dirigir sus pretensiones tanto contra el empresario como contra cualquier otro sujeto que resulte responsable de la lesión del derecho fundamental o libertad pública, con independencia del tipo de vínculo que tenga dicho sujeto con el empresario.

En este sentido, y aunque queda claro que es una opción al utilizar el término «*podrá dirigir*» y no «*deberá dirigir*», el demandar a otros sujetos diferentes al empresario, no siendo por tanto imperativo hacerlo, el artículo 177.4 de la LRJS aclara dicha cuestión, disponiendo que corresponde a la víctima, como única legitimada en esta modalidad procesal, elegir la clase de tutela que pretende ejercer, no siendo tampoco imperativo que, además de al empresario, se demande al posible causante directo de la lesión, salvo en dos supuestos: (i) que se pretenda por la víctima la condena del sujeto responsable o (ii) que pudiera resultar directamente afectado por la resolución que se dictare.

Es cierto que, con carácter previo a la entrada en vigor de la LRJS, que no contenía los matices contenidos en el párrafo anterior, se había interpretado que en los casos en los que existe una conducta constitutiva de acoso, y una persona trabajadora le imputa a otra la realización de una conducta constitutiva del acoso, siendo esta última la autora real y directa de esa conducta, sería el principal vulnerador de los derechos fundamentales de la persona trabajadora. Por lo tanto, en este tipo de supuestos era evidente que la resolución afectaba plenamente a los derechos e intereses del presunto acosador, y como consecuencia de ello existía un litisconsorcio pasivo necesario respecto al mismo, de manera que el no ampliar la demanda respecto a éste conllevaría un riesgo de nulidad de actuaciones[184]. No obstante, dicha doctrina está superada, dado que ahora en el artículo 177.4 de la LRJS demandar al posible acosador o vulnerador de derechos fundamentales, es potestativo, con carácter general, y sólo imperativo en los supuestos antedichos.

---

184. Sentencia del Tribunal Supremo (Sala de lo Social) de 30 de enero de 2008, Rec. 2543/2006 (RJ 2008, 2777).

Pese a ello, debemos destacar que la realidad es que muchos juzgados y tribunales siguen manteniendo el criterio expuesto en el párrafo anterior, de manera que, pese a la nueva redacción del precepto relativo a la legitimación pasiva, entienden que el acosador o el vulnerador del derecho fundamental debe formar parte del procedimiento.

En consecuencia, tal y como se puede apreciar, ya sea porque sea responsable directa, o porque se haya producido la vulneración del derecho fundamental dentro del ámbito de la relación laboral, la empresa siempre será legitimada pasiva en el procedimiento de tutela de derechos fundamentales, ya sea como única demandada, o como litisconsorte pasiva necesaria.

Esto se debe a que la protección de los derechos fundamentales en la relación laboral tiene un canon reforzado, de manera que no se pretende únicamente proteger a la persona trabajadora de las vulneraciones de que se produzcan de sus derechos fundamentales por parte de la empresa, sino también de las que se produzcan como consecuencia de la relación laboral, y que pudieran derivar de otras personas diferentes a la propia empresa como pueden ser directivos, superiores jerárquicos u otras personas trabajadoras[185].

Por ello, se considera que vulnera el derecho fundamental a la tutela judicial efectiva la resolución judicial que no condena a otra persona trabajadora por la existencia de acoso laboral a una persona trabajadora como consecuencia de que mantiene que la conducta de otra persona trabajadora no puede vulnerar el derecho a la integridad física y moral[186].

¿En qué supuesto es obligatorio que el Ministerio Fiscal sea parte en el proceso? **144**

El Ministerio Fiscal debe ser parte en todos los procedimientos de tutela de derechos fundamentales y libertades públicas, tal y como

---

185. Sentencia del Tribunal Constitucional n.º 250/2007 de 17 de diciembre de 2007, Rec. 2253/2003 (RTC 2007, 250).
186. Sentencia del Tribunal Constitucional n.º 74/2007 de 16 de abril de 2007, Rec. 4124/2003 (RTC 2007, 74).

exige el artículo 177.3 de la LRJS, con la finalidad de defender los derechos fundamentales y las libertades públicas, debiendo velar por la integridad de la reparación de las víctimas.

Dicha obligación de que el Ministerio Fiscal sea parte en el procedimiento no se limita únicamente al supuesto del procedimiento de tutela de derechos fundamentales y libertades públicas, sino que también se extiende a aquellos procedimientos citados en el artículo 184 de la LRJS, en los que es obligatorio continuar el procedimiento a través de dichas modalidades procesales, aunque aplicando las garantías relativas al procedimiento de tutela de derechos fundamentales y libertades públicas entre las que se encuentra la participación del Ministerio Fiscal como parte.

No obstante, y pese a la obligación anterior, el simple hecho de que no se haya citado al Ministerio Fiscal no es causa de nulidad de actuaciones, sino que es necesario que se produzcan una serie de requisitos para que se entienda que la misma debe ser declarada, como son, el que se haya formulado la protesta en el momento procesal oportuno, que la ausencia del Ministerio Fiscal en el procedimiento haya producido una indefensión real para la parte que alega dicho defecto procesal, y que sea ello alegado de forma adecuada en el trámite del recurso. Por lo tanto, el simple incumplimiento del formalismo de citar al Ministerio Fiscal no conlleva *per se* la nulidad de actuaciones, debiendo cumplir dicho defecto formal una serie de requisitos para que realmente se declare que exista una vulneración de una garantía procesal que afecte al derecho fundamental del demandante[187].

De igual forma, en el caso de que haya sido citado debidamente, si el Ministerio Fiscal decide no asistir al acto del juicio por voluntad propia, con o sin un motivo justificado, tampoco supone una vulneración de ninguna garantía procesal que pueda derivar en nulidad de actuaciones, ya que el trámite se cumple por parte de los juzgados y tribunales con su citación a juicio, sin que se tenga que garantizar

---

187. Sentencia del Tribunal Supremo (Sala de lo Social) de 19 de abril de 2005, Rec. 855/2004 (RJ 2005, 5057).

su asistencia, ni sea necesaria la misma para continuar con el procedimiento[188].

E. CONTENIDO DE LA DEMANDA

¿Cuáles son los requisitos particulares de la demanda de tutela de derechos fundamentales y libertades públicas?   **145**

El artículo 179.3 de la LRJS establece que, además de los requisitos generales establecidos en el artículo 80 de la LRJS, se deben incluir en la demanda, los hechos constitutivos de la vulneración producida, el derecho fundamental o libertad pública que ha sido vulnerada, y la cuantía de la indemnización pretendida, en el caso de que la misma haya sido reclamada. Además, en el caso de que se reclame dicha indemnización, se deberán especificar los diversos daños y perjuicios que se hubieran producido, incluyendo las circunstancias que sean relevantes para la determinación de la indemnización solicitada, incluyendo la gravedad, la duración y las consecuencias del daño, o las bases de cálculo para los perjuicios estimados, a excepción de los daños morales anudados a la vulneración del derecho fundamental cuando resulte difícil realizar una estimación detallada.

F. TRAMITACIÓN DEL PROCESO DE TUTELA DE DERECHOS FUNDAMENTALES Y LIBERTADES PÚBLICAS

¿Cuál es el plazo para interponer una demanda de tutela de derechos fundamentales y libertades públicas?   **146**

Depende de si se plantea demanda a través del procedimiento de tutela de derechos fundamentales y libertades públicas, o si el mismo se plantea ante uno de los supuestos en los que conforme a lo previsto en el artículo 184 de la LRJS es obligatorio que el procedimiento se desarrolle a través de otra modalidad procesal específica, pero con

---

188. Sentencia del Tribunal Supremo (Sala de lo Social) de 22 de julio de 2004, Rec. 3338/2003 (RJ 2004, 7480).

las garantías previstas para el procedimiento de tutela de derechos fundamentales y libertades públicas, tal y como establece el artículo 179.2 de la LRJS.

Como consecuencia de ello, en el caso de que el procedimiento se incoe a través de la modalidad procesal de tutela de derechos fundamentales y libertades públicas, el plazo será de un año, tal y como establece el artículo 59 del ET, mientras que, en el caso de que se trate de despidos, sanciones, modificaciones sustanciales de las condiciones de trabajo, movilidades geográficas o vacaciones, el plazo será de 20 días hábiles, tal y como prevén los artículos 103.1, 121.1, 125.a) y 138.1 de la LRJS.

Respecto al plazo de un año para la incoación de procedimiento de tutela de derechos fundamentales, se debe tener en cuenta que el plazo es de prescripción, y por lo tanto, a diferencia del plazo de caducidad que sólo se puede suspender en los supuestos de presentación de papeletas de conciliación en impugnación de despidos, y únicamente hasta que se celebre la conciliación, o transcurran 15 días hábiles desde la celebración de la misma, la prescripción permite su interrupción, que además no paraliza el plazo, sino que lo reinicia.

Sobre dicha interrupción, es importante tener en cuenta que se le aplican las causas de interrupción previstas en el artículo 1973 del CC, entre las que se encuentran, la reclamación judicial del derecho o la reclamación extrajudicial, de manera que, es suficiente con una conducta activa respecto del ejercicio del derecho por parte de la persona que lo reclama[189].

Igualmente, sobre el cómputo de la prescripción, se ha entendido, por ejemplo, en un supuesto en que se reclama por un sindicato la vulneración del derecho fundamental de huelga de sus afiliados, dado que se les despidió por ejercer el derecho de huelga, que el plazo no comenzó a computar el día que se produjeron los despidos, sino en la

---

189. Sentencia del Tribunal Supremo (Sala de lo Social) de 26 de enero de 2005, Rec. 35/2003 (RJ 2005, 3158).

fecha en que se dicta sentencia por parte del Tribunal Supremo sobre la calificación del derecho de huelga[190].

¿Qué ocurre en el caso de que la interposición de la demanda no cumpla con los requisitos exigidos?

El artículo 179.4 de la LRJS establece que, conforme a lo previsto en el artículo 81 de la propia LRJS, se deberá dar trámite al demandante para subsanar la demanda, aunque de forma específica se prevé que deberá rechazar de plano las demandas que no se deban tramitar conforme al procedimiento de tutela de derechos fundamentales que no sean susceptibles de subsanación, advirtiendo al demandante del derecho que le asiste a incoar su acción por la modalidad procesal correspondiente.

Sin embargo, en el caso de que el juzgado o el tribunal que resuelve que el procedimiento es inadecuado sea competente, y la demanda ya reuniese los requisitos exigidos para que se pudiera tramitar a través de la modalidad procesal adecuada, reconducirá de oficio el procedimiento a través de dicha modalidad.

En cualquier caso, en aquellos supuestos en los que se alegue una vulneración de derechos fundamentales, si se estima que no existe tal vulneración de derechos fundamentales, o que se trata de un infracción del ordenamiento jurídico con carácter de legalidad ordinaria, ello no conllevará la existencia de un inadecuación de procedimiento *per se,* sino una desestimación de la demanda, en su caso, con el mantenimiento del derecho a incoar nuevamente acción ante el procedimiento que estime oportuno[191].

En este sentido, se ha entendido que la resolución judicial que declara la inadecuación de procedimiento, y reconduce el procedi-

---

190. Sentencia del Tribunal Supremo (Sala de lo Social) n.º 94/2017, de 1 de febrero de 2017, Rec. 78/2016 (RJ 2017, 1441).

191. Sentencia del Tribunal Supremo (Sala de lo Social) de 14 de junio de 2002, Rec. 1192/2001 (RJ 2002, 8372).

miento de tutela de derechos fundamentales y libertades públicas al procedimiento ordinario es equivalente a una inadmisión, ya que dicho cambio de procedimiento priva al demandante de la protección específica que le da sus derechos fundamentales, de manera que sólo se puede declarar la inadecuación de procedimiento en aquellos casos excepcionales en los que se aprecie de forma inequívoca, y sin necesidad de un análisis más profundo, que la pretensión es manifiestamente ajena al objeto del procedimiento de tutela de derechos fundamentales, ya sea porque no se alegue ninguna vulneración de un derecho fundamental, sino que se alega un incumplimiento de una obligación legal, debiendo resolverse sobre el fondo, aunque se desestime la demanda[192].

148 **¿En qué supuestos se pueden solicitar medidas cautelares durante la tramitación del proceso?**

Las medidas cautelares se podrán solicitar en el escrito de demanda por parte del actor en aquellos supuestos en los que la ejecución del acto impugnado le produzca al demandante perjuicios que pudieran hacer perder a la pretensión de tutela su finalidad, pudiendo solicitarse tanto la suspensión de los efectos del acto impugnado, así como, las demás medidas necesarias para asegurar la efectividad de la tutela judicial que pudiera acordarse en la sentencia, siempre que dicha suspensión no conlleve una perturbación grave y desproporcionada de otros derechos y libertades o intereses superiores constitucionalmente protegidos, tal y como establecen los apartados 1 y 2 del artículo 180 de la LJRS.

Además, se debe tener en cuenta que, el régimen de medidas cautelares que se regula en el artículo 180 de la LRJS para el procedimiento de tutela de derechos fundamentales y libertades públicas se aplica de igual forma a los supuestos previstos en el artículo 184 de la LRJS en los que el procedimiento se tramita a través de la modalidad

---

192. Sentencia del Tribunal Supremo (Sala de lo Social) de 10 de julio de 2001, Rec. 2800/2000 (RJ 2001, 9583).

procesal específica, pero aplicando las garantías procesales previstas para el procedimiento de tutela de derechos fundamentales. En este sentido, se ha resuelto que es aplicable dicho régimen de medidas cautelares en aquellos supuestos en los que se solicita la extinción del contrato de trabajo a instancia de la persona trabajadora prevista en el artículo 50 del ET por vulneración de derechos fundamentales[193].

¿Cómo se desarrolla el trámite de medidas cautelares en el procedimiento de tutela de derechos fundamentales y libertades públicas?   149

En el caso de que se hayan solicitado medidas cautelares, dentro del día siguiente a la admisión de la demanda o a la solicitud de medidas cautelares, el Letrado de la Administración de Justicia citará a las partes y al Ministerio Fiscal, para que, en el día y hora señalados dentro de las 48 horas siguientes comparezcan a una audiencia preliminar en la que sólo se admitirán las alegaciones y pruebas sobre la justificación y proporcionalidad de las medidas, en relación con el derecho fundamental y el riesgo para la efectividad de la resolución que deba recaer. Dado que es la parte actora la que solicita la aplicación de medidas cautelares, es necesario que aporte un principio de prueba al respecto.

En los casos en los que exista una urgencia excepcional, la adopción de medidas cautelares podrá efectuarse por el juzgado o tribunal en el momento de admisión a trámite de la demanda, sin perjuicio de que posteriormente se celebre la comparecencia correspondiente sobre el mantenimiento o no de las medidas cautelares adoptadas conforme a lo previsto en el artículo 180.5 de la LRJS.

Tal y como establece el artículo 180.6 de la LRJS, el juzgado o tribunal resolverá al término de la audiencia celebrada sobre las medidas cautelares, resolviendo mediante auto que se dictará de forma oral adoptando o no las medidas cautelares.

---

193. Sentencia del Tribunal Supremo (Sala de lo Social) n.º 737/2016, de 15 de septiembre de 2016, Rec. 174/2015 (RJ 2016, 4848).

Por lo tanto, tal y como se puede comprobar, se regulan determinadas particularidades respecto al régimen ordinario de medidas cautelares del procedimiento laboral reguladas en el artículo 79 de la LRJS, referidas, sobre todo, a plazos, y a la participación del Ministerio Fiscal.

150 **¿Existe alguna particularidad en la tramitación del proceso cuando se solicitan medidas cautelares en un supuesto de vulneración de libertad sindical?**

Sí, se establecen en el artículo 180.2 *in fine* de la LRJS una serie de limitaciones, de manera que, en el caso de que se alegue una vulneración de la libertad sindical, únicamente se puede solicitar la suspensión de los efectos del acto impugnado en el caso de que las presuntas lesiones impidan la participación de determinados candidatos en el proceso electoral o el ejercicio de la función representativa o sindical respecto de la negociación colectiva o reestructuración de plantillas.

Por lo tanto, en el caso de que se trate de supuestos en los que se alegue la vulneración del derecho fundamental a la libertad sindical, se limitan los supuestos en los que se pueden solicitar las medidas cautelares, aunque se establece una cláusula abierta que permite que puedan incluirse otros supuestos, siempre que se consigan acreditar dos requisitos, como serían la afectación al interés general de las personas trabajadoras, y que se puedan causar daños de imposible reparación.

151 **¿Existe alguna particularidad en la tramitación del proceso cuando se solicitan medidas cautelares en un supuesto de vulneración del derecho de huelga?**

Sí, en el caso de que se alegue la vulneración del derecho de huelga únicamente se podrán solicitar medidas cautelares en aquellos supuestos en los que se hayan impugnada de forma exclusiva los actos de determinación del personal laboral adscrito a los servicios mínimos necesarios para garantizar los servicios esenciales de la comunidad, o los actos de designación del personal laboral adscrito a los servicios de seguridad y mantenimiento precisos para la reanudación posterior de las tareas. En el trámite de medidas cautelares, el juzgado o tribunal que resuelva mantendrá, modificará o revocará designación de personal adscrito a dichos servicios teniendo en cuenta las propuestas realizadas por las partes.

¿Existe alguna particularidad en la tramitación del proceso cuando se solicitan medidas cautelares en un supuesto de acoso?   152

Sí, el artículo 180.4 de la LRJS establece que en aquellos casos en los que en la demanda se alegue la existencia de una situación de acoso, así como, en aquellos supuestos en los que se demande por una persona trabajadora víctima de violencia de género que reclame el ejercicio de los derechos derivados de dicha situación, se podrán solicitar como medidas, la suspensión de la relación laboral con las obligaciones derivadas de la misma (prestación de servicios y abono de salarios), exoneración de prestación de servicios con mantenimiento del abono de salarios, el traslado de puesto o centro de trabajo, la reordenación o reducción del tiempo de trabajo u otras medidas que sean tendentes a preservar la efectividad de la sentencia que pudiera dictarse, pudiendo tener dichas medidas efectos sobre el presunto acosador o vulnerador de derechos fundamentales o libertades públicas, aunque en este supuesto es necesario que éste sea oído.

¿Quién tiene la carga de la prueba de acreditar la vulneración de derechos fundamentales?   153

Como en la mayoría de las modalidades procesales reguladas en la LRJS, la carga de la prueba es de la parte actora conforme a lo previsto en el artículo 217 de la LEC.

Sin embargo, dicha carga de la prueba está atenuada, dado que, tal y como establece el artículo 96.1 de la LRJS, en el caso de que en un procedimiento se aleguen hechos de los que se deduzca la existencia de indicios fundados de vulneración de derechos fundamentales o libertades públicas, le corresponderá al demandado la aportación de una justificación objetiva y razonable de la medida adoptada, así como de su proporcionalidad.

Por lo tanto, en el caso de que se alegue la vulneración de derechos fundamentales por la parte actora, no será necesario que se practique una prueba plena sobre la vulneración de derechos fundamentales, sino que es suficiente con que se aporte un panorama indiciario de que se han vulnerado derechos fundamentales, y una vez que ello se ha cumplido, se invierte la carga de la prueba, siendo necesario que la parte demandada acredite que la medida adoptada no responde a una discriminación o vulneración de derechos fundamentales.

Como consecuencia de lo anterior, a modo de ejemplo, se ha declarado la nulidad del despido en un supuesto en el que la persona trabajadora que tiene un contrato temporal que finalizaría en un período aproximado de dos meses, es despedido por una disminución de su rendimiento el día después de manifestar que no estaba conforme con la falta de pago del exceso de jornada, sin que las causas del despido fueran probadas, al entenderse que la parte actora había alegado una conexión temporal entre el ejercicio de un derecho y la medida adoptada por la empresa, que supondría una vulneración del derecho a la tutela judicial efectiva regulado en el artículo 24 de la CE, sin que fuera desvirtuado por la empresa[194].

154 ¿Qué efectos tiene la declaración de preferencia y urgencia sobre la tramitación del proceso?

El artículo 179.1 de la LRJS establece que la tramitación del procedimiento tendrá carácter urgente a todos los efectos, y ello conlleva que el mes de agosto sea hábil, conforme a lo previsto en el artículo

---

194. Sentencia del Tribunal Supremo (Sala de lo Social) n.º 917/2022, de 15 de noviembre de 2022, Rec. 2645/2021 (RJ 2022, 5131).

43.4 de la LRJS, y que no sea obligatorio la celebración del acto de conciliación o mediación con carácter previo a la interposición de la demanda, tal y como establece el artículo 64 de la LRJS.

Igualmente, en el caso del procedimiento de tutela de derechos fundamentales y libertades públicas, el artículo 179.1 de la LRJS establece que esta modalidad procesal tiene preferencia respecto de cualquier otro procedimiento que se plantee ante los juzgados y tribunales del orden social, siendo preferente incluso respecto del procedimiento de conflicto colectivo, tal y como prevé de forma específica el artículo 159 de la LRJS.

Adicionalmente, se refleja en el plazo de señalamiento del juicio, dado que conforme al artículo 181.1 de la LRJS, se debe celebrar en el plazo de 5 días desde la admisión a la demanda, y se reduce el plazo que debe mediar entre la citación y la celebración del juicio de los 10 días que establece el artículo 82 de la LRJS, a 2 días, así como en el plazo para dictar sentencia, ya que se establece que la misma se debe dictar en el plazo de los 3 días siguientes a la celebración del juicio.

G. CELEBRACIÓN DE JUICIO Y SENTENCIA

¿Qué contenido tienen las sentencias derivadas de un proceso de tutela de derechos fundamentales y libertades públicas?

155

La sentencia que ponga fin al procedimiento de tutela de derechos fundamentales y libertades públicas declarará si se ha producido o no la vulneración del derecho fundamental o la libertad pública alegada, y en su caso:

- El derecho fundamental y/o libertad pública infringida;

- La nulidad radical de la actuación llevada a cabo;

- El cese inmediato de la actuación contraria a derechos fundamentales o a libertades públicas, o en su caso, la prohibición de interrumpir una conducta o la obligación de realizar una actividad omitida, cuando una u otra resulten exigibles según la naturaleza del derecho fundamental o libertad pública vulnerados; y

– Dispondrá el restablecimiento del demandante en la integridad de su derecho y la reposición al momento anterior a producirse la lesión del derecho fundamental, así como, la reparación de las consecuencias derivadas de la acción u omisión del sujeto responsable, incluida la indemnización correspondiente, en los términos que se expondrán en la cuestión posterior.

Además, se dispondrá lo que se estime oportuno sobre las medidas cautelares que se hubieran adoptado con carácter previo a la celebración del juicio.

156 **¿En qué supuestos puede condenar una sentencia al abono de una indemnización por los daños y perjuicios causados como consecuencia de la vulneración de derechos fundamentales?**

El artículo 183.1 de la LRJS establece que cuando se declare la existencia de vulneración de un derecho fundamental, el juzgado o tribunal deberá pronunciarse sobre la cuantía de indemnización le corresponda a la parte demandante por haber sufrido una discriminación u otra lesión de sus derechos fundamentales y libertades públicas por los daños derivados de ello.

Respecto a la cuantía, para que el juzgado o tribunal pueda pronunciarse sobre la misma es necesario que, conforme a lo previsto en el artículo 179.3 de la LRJS, en la demanda se exprese la cuantía de la indemnización pretendida, con la adecuada especificación de los daños y perjuicios ocasionados, incluyendo las circunstancias relevantes para la determinación de la indemnización solicitada, incluyendo la gravedad, la duración y las consecuencias del daño o las bases de cálculo de los perjuicios estimados para la persona trabajadora. Por lo tanto, es carga de la parte actora el determinar de forma adecuada la indemnización reclamada.

¿En qué supuestos puede condenar una sentencia al abono de una 157 indemnización por los daños morales causados como consecuencia de la vulneración de derechos fundamentales?

En el caso de que se declare que se ha producido la vulneración de un derecho fundamental, el juzgado o tribunal debe pronunciarse sobre la cuantía de la indemnización que le corresponde al demandante, dado que, en el caso de que se haya producido la vulneración de un derecho fundamental o de una libertad pública, el reconocimiento de la indemnización debe ser automático, ya que, tal y como establece el artículo 182.1.d) de la LRJS, se debe restablecer al demandante en la integridad de su derecho y la reposición de la situación al momento anterior de producirse dicha vulneración, con la reparación de las consecuencias derivadas de la acción u omisión del sujeto responsable, incluyendo la indemnización que le corresponda. Para el cálculo de la indemnización por daños morales, dado que se trata de un importe de difícil cuantificación conforme a lo previsto en el artículo 183.2 de la LRJS, se ha admitido la utilización como criterio orientativo para la fijación de las cantidades a abonar los criterios previstos en la LISOS[195].

Igualmente, dado que las horquillas de cuantificación de sanciones en la LISOS son muy amplias, para la realización del cálculo se deben tener en cuenta las circunstancias concurrentes en cada caso, considerando la antigüedad de la persona trabajadora en la empresa, la persistencia temporal de la vulneración de los derechos fundamentales, la intensidad del quebrantamiento del derecho, las consecuencias que se provoquen en la situación personal o social de la persona trabajadora o del sujeto titular del derecho infringido, la posible reincidencia en conductas vulneradoras, el carácter pluriofensivo de la lesión, el contexto en el que se haya podido producir la conducta o una actitud tendente a impedir la defensa y protección del derecho transgredido, entre otros que puedan valorarse atendidas

---

195. Sentencia del Tribunal Supremo (Sala de lo Social) n.º 768/2017, de 5 de octubre de 2017, Rec. 2497/2015 (RJ 2017, 4918).

las circunstancias de cada caso, deben constituir elementos a tener en cuenta en orden a la cuantificación de la indemnización[196].

Además, no se puede obviar que en el caso de que no se pronuncie el juzgado o tribunal competente sobre la indemnización a abonar en concepto de daños morales por vulneración de derechos fundamentales, se vulneraría el derecho fundamental a la tutela judicial del demandante[197].

158 **¿Es ejecutable la sentencia derivada del procedimiento de tutela de derechos fundamentales y libertades públicas?**

Sí, tal y como establece el artículo 303.1 de la LRJS, las sentencias que se dicten en procedimientos de tutela de derechos fundamentales y libertades públicas son siempre ejecutivas, sin perjuicio de la posibilidad de plantear recurso frente a las mismas, y siempre teniendo en cuenta las limitaciones que se pudieran acordar para evitar o aminorar los perjuicios de imposible o difícil reparación que se pudieran producir de la ejecución de las mismas.

159 **¿Es recurrible la sentencia derivada del procedimiento de tutela de derechos fundamentales y libertades públicas?**

Sí, cualquier sentencia que se dicte en un procedimiento de tutela de derechos fundamentales es recurrible en suplicación, tal y como establece el artículo 191.3.f) de la LRJS, o en casación, conforme a lo previsto en los artículos 205.1 y 206.1 de la LRJS.

De igual modo, en aquellos supuestos en los que se incoe cualquiera de los procedimientos previstos en el artículo 184 de la LRJS, en los que es necesario seguir los trámites de la modalidad específica

---

196. Sentencia del Tribunal Supremo (Sala de lo Social) n.º 356/2022, de 20 de abril de 2022, Rec. 2391/2019 (RJ 2022, 2294).
197. Sentencia del Tribunal Constitucional n.º 61/2021, de 15 de marzo de 2021, Rec. 6838/2019 (RTC 2021, 61).

que lo regule (p.ej., impugnación de despidos, sanciones, modificaciones sustanciales de las condiciones de trabajo, etc.), y se acumule la pretensión de declaración de vulneración de derechos fundamentales, la sentencia sería recurrible en suplicación con independencia de la materia o el importe reclamado.

No obstante lo anterior, dicho acceso al recurso de suplicación no es pleno, sino limitado, de manera que, en el caso de que el recurso de suplicación se plantee ante un procedimiento de modificación sustancial de las condiciones de trabajo, que es una materia no recurrible en suplicación, en el que se ha alegado la vulneración de derechos fundamentales, se podrá interponer recurso de suplicación respecto de la sentencia, pero el objeto del recurso será limitado, dado que no podrán examinarse las cuestiones relativas a materias de legalidad ordinaria, sino sólo aquellos aspectos que no se puedan separar de la eventual existencia de vulneración de derechos fundamentales, cuando la respuesta que se deba dar condicione de forma total o parcial la resolución sobre las materias de legalidad ordinaria[198].

---

198. Sentencia del Tribunal Supremo (Sala de lo Social) n.º 840/2022, de 19 de octubre de 2022, Rec. 1363/2019 (RJ 2022, 5039).

IV

JURISPRUDENCIA

TRIBUNAL CONSTITUCIONAL

– STC n.º 61/2021, de 15 de marzo de 2021, Rec. 6838/2019 (RTC 2021, 61).

– STC n.º 250/2007 de 17 de diciembre de 2007, Rec. 2253/2003 (RTC 2007, 250).

– STC n.º 123/2007, de 21 de mayo de 2007, Rec. 563\2005 (RTC 2007, 123).

– STC n.º 74/2007 de 16 de abril de 2007, Rec. 4124/2003 (RTC 2007, 74).STC n.º 238/2005, de 26 de septiembre de 2005, Rec. 6006/2003 (RTC 1990, 1981).

– STC n.º 157/2002 de 16 de septiembre de 2002, Rec. 1707/1998 (RTC 2002, 157).

– STC n.º 116/2001, de 21 de mayo de 2001, Rec. 4097/1996 (RTC 2000, 58).

– STC n.º 257/2000 de 30 de octubre de 2000, Rec. 3616/1997 (RTC 2000, 257).

– STC n.º 81/1990 de 4 de mayo de 1990, Rec. 315/1988 (RTC 1990, 81).

TRIBUNAL SUPREMO

– STS (Sala de lo Social) n.º 729/2023, de 10 de octubre de 2023, Rec. 4202/2020 (RJ 2023, 5125).

– STS (Sala de lo Social) n.º 917/2022, de 15 de noviembre de 2022, Rec. 2645/2021 (RJ 2022, 5131).

– STS (Sala de lo Social) n.º 840/2022, de 19 de octubre de 2022, Rec. 1363/2019 (RJ 2022, 5039).

– STS (Sala de lo Social) n.º 678/2022, de 20 julio de 2022, Rec. 67/2020 (RJ 2022, 4186).

– STS (Sala de lo Social) n.º 673/2022, de 14 de julio de 2022, Rec. 45/2021 (RJ 2022, 4759).

– STS (Sala de lo Social) n.º 562/2022, de 21 de junio de 2022, Rec. 640/2019 (RJ 2022, 4132).

– STS (Sala de lo Social) n.º 356/2022, de 20 de abril de 2022, Rec. 2391/2019 (RJ 2022, 2294).

– STS (Sala de lo Social) n.º 326/2022, de 6 de abril de 2022, Rec. 102/2020 (RJ 2022, 2006).

– STS (Sala de lo Social) n.º 288/2022, de 31 de marzo de 2022, Rec. 59/2020 (RJ 2022, 1934).

– STS (Sala de lo Social) n.º 159/2022, de 17 de febrero de 2022, Rec. 123/2020 (RJ 2022, 1499).

– STS (Sala de lo Social) n.º 1288/2021, de 21 de diciembre de 2021, Rec. 79/2020 (RJ 2022, 223).

– STS (Sala de lo Social) n.º 1252/2021, de 9 de diciembre de 2021, Rec. 186/2021 (RJ 2022, 395).

– STS (Sala de lo Social) n.º 1086/2021, de 3 de noviembre de 2021, Rec. 31/2020 (RJ 2021, 5014).

– STS (Sala de lo Social) n.º 919/2021, de 21 de septiembre de 2021, Rec. 834/2020 (RJ 2021, 4093).

– STS (Sala de lo Social) n.º 887/2021, de 14 de septiembre de 2021, Rec. 2/2020 (RJ 2021, 4634).

– STS (Sala de lo Social) n.º 626/2021, de 15 junio de 2021, Rec. 85/2019 (RJ 2021, 2948).

– STS (Sala de lo Social) n.º 561/2021, de 20 de mayo de 2021, Rec. 135/2019 (RJ 2021, 2478).

– STS (Sala de lo Social) n.º 407/2021, de 14 abril de 2021, Rec. 1/2020 (RJ 2021, 1944).

- STS (Sala de lo Social) n.º 301/2021, de 16 de marzo de 2021, Rec. 126/2019 (RJ 2021, 1195).
- STS (Sala de lo Social) n.º 272/2021, de 4 de marzo de 2021, Rec. 130/2019 (RJ 2021, 955).
- STS (Sala de lo Social) n.º 173/2021, de 9 de febrero de 2021, Rec. 111/2019 (RJ 2021, 693).
- STS (Sala de lo Social) n.º 79/2021, de 21 de enero de 2021, Rec. 158/2019 (RJ 2021, 380).
- STS (Sala de lo Social) n.º 1088/2020, de 9 de diciembre de 2020, Rec. 6/2019 (RJ 2020, 5602).
- STS (Sala de lo Social) n.º 729/2020, de 30 de julio de 2020, Rec. 196/2018 (RJ 2020, 3991).
- STS (Sala de lo Social) n.º 440/2020, de 11 de junio de 2020, Rec. 156/2019 (RJ 2020, 2592).
- STS (Sala de lo Social) n.º 238/2020, de 11 marzo de 2020, Rec. 160/2018 (RJ 2020, 1389).
- STS (Sala de lo Social) n.º 198/2020, de 3 de marzo de 2020, Rec. 115/2018 (RJ 2020, 997).
- STS (Sala de lo Social) n.º 126/2020, de 11 de febrero de 2020, Rec. 149/2018 (RJ 2020, 835).
- STS (Sala de lo Social) n.º 64/2020, de 28 de enero de 2020, Rec. 215/2018 (RJ 2020, 550).
- STS (Sala de lo Social) n.º 52/2020, de 23 de enero de 2020, Rec. 157/2018 (RJ 2020, 432).
- STS (Sala de lo Social) n.º 792/2019, de 20 noviembre de 2019, Rec. 39/2018 (RJ 2019, 5024).
- STS (Sala de lo Social) n.º 484/2019, de 24 de junio de 2019, Rec. 10/2018 (RJ 2019, 3535).
- STS (Sala de lo Social) n.º 183/2019, de 6 de marzo de 2019, Rec. 152/2018 (RJ 2019, 1131).
- STS (Sala de lo Social) n.º 135/2019, de 22 de febrero de 2019, Rec. 226/2017 (RJ 2019, 1479).

- STS (Sala de lo Social) n.º 93/2019, de 6 de febrero de 2019, Rec. 224/2017 (RJ 2019, 1475).

- STS (Sal de lo Social) n.º 64/2019, de 29 de enero de 2019, Rec. 33/2017 (RJ 2019, 794).

- STS (Sala de lo Social) n.º 996/2018, de 29 de noviembre de 2018, Rec. 207/2017 (RJ 2018, 5837).

- STS (Sala de lo Social) n.º 960/2018, de 15 de noviembre de 2018, Rec. 181/2017 (RJ 2018, 5725).

- STS (Sala de lo Social) n.º 643/2018, de 15 de junio de 2018, Rec. 132/2017 (RJ 2018, 3428).

- STS (Sala de lo Social) n.º 413/2018, de 17 de abril de 2018, Rec. 101/2017 (RJ 2018, 1832).

- STS (Sala de lo Social) n.º 378/2018, de 9 de abril de 2018, Rec. 77/2017 (RJ 2018, 1664).

- STS (Sala de lo Social) n.º 369/2018, de 4 de abril de 2018, Rec. 108/2017 (RJ 2018, 1926).

- STS (Sala de lo Social) n.º 106/2018, de 7 de febrero de 2018, Rec. 272/2016 (RJ 2018, 1240).

- STS (Sala de lo Social) n. 98/2018, de 6 de febrero de 2018, Rec. 10/2017 (RJ 2018, 821).

- STS (Sala de lo Social) n.º 768/2017, de 5 de octubre de 2017, Rec. 2497/2015 (RJ 2017, 4918).

- STS (Sala de lo Social) n.º 536/2017, de 21 de junio de 2017, Rec. 193/2016 (RJ 2017, 2923).

- STS (Sala de lo Social) n.º 493/2017, de 7 de junio de 2017, Rec. 166/2016 (RJ 2017, 3167).

- STS (Sala de lo Social) n.º 238/2017, de 22 de marzo de 2017, Rec. 127/2016 (RJ 2017, 1351).

- STS (Sala de lo Social) n.º 179/2017, de 2 de marzo 2017, Rec. 82/2016 (RJ 2017, 1168).

- STS (Sala de lo Social) n.º 149/2017, de 22 de febrero de 2017, Rec. 120/2016 (RJ 2017, 1454).

- STS (Sala de lo Social) n.º 94/2017, de 1 de febrero de 2017, Rec. 78/2016 (RJ 2017, 1441).

- STS (Sala de lo Social) n.º 801/2016, de 4 de octubre de 2016, Rec. 232/2015 (RJ 2016, 5744).

- STS (Sala de lo Social) n.º 781/2016, de 27 de septiembre de 2016, Rec. 203/2015 (RJ 2016, 4932).

- STS (Sala de lo Social) n.º 764/2016, de 20 de septiembre de 2016, Rec. 163/2015 (RJ 2016, 4916).

- STS (Sala de lo Social) n.º 737/2016, de 15 de septiembre de 2016, Rec. 174/2015 (RJ 2016, 4848).

- STS (Sala de lo Social) n.º 719/2016, de 13 de septiembre de 2016, Rec. 2236/2014 (RJ 2016, 4961).

- STS (Sala de lo Social) n.º 641/2016, de 11 julio de 2016, Rec. 193/2015 (RJ 2016, 4216).

- STS (Sala de lo Social) n.º 528/2016, de 15 de junio de 2016, Rec. 208/2015 (RJ 2016, 3178).

- STS (Sala de lo Social) n.º 438/2016, de 18 de mayo de 2016, Rec. 140/2015 (RJ 2016, 3183).

- STS (Sala de lo Social) de 8 de marzo de 2016, Rec. 82/2015 (RJ 2016, 2082).

- STS (Sala de lo Social) de 3 de marzo de 2016, Rec. 59/2015 (RJ 2016, 1121).

- STS (Sala de lo Social) de 22 de diciembre de 2015, Rec. 53/2015 (RJ 2015, 6426).

- STS (Sala de lo Social) de 2 de diciembre de 2015, Rec. 326/2014 (RJ 2016, 138).

- STS (Sala de lo Social) de 25 de noviembre de 2015, Rec. 229/2014 (RJ 2015, 5805).

- STS (Sala de lo Social) de 10 de noviembre de 2015, Rec. 360/2014 (RJ 2015, 6309).

- STS (Sala de lo Social) de 4 de noviembre de 2015, Rec. 177/2013 (RJ 2015, 6183).

- STS (Sala de lo Social) de 26 octubre de 2015, Rec. 276/2014 (RJ 2015, 5443).

- STS (Sala de lo Social) de 14 de octubre de 2015, Rec. 336/2014 (RJ 2015, 5661).

- STS (Sala de lo Social) de 13 octubre de 2015, Rec. 301/2014 (RJ 2015, 6182).

- STS (Sala de lo Social) de 7 de octubre de 2015, Rec. 247/2014 (RJ 2016, 3224).

- STS (Sala de lo Social) de 28 de septiembre de 2015, Rec. 277/2014 (RJ 2015, 5671).

- STS (Sala de lo Social) de 16 de junio de 2015, Rec. 339/2014 (RJ 2015, 3561).

- STS (Sala de lo Social) de 9 de junio de 2015, Rec. 122/2014 (RJ 2015, 4284).

- STS (Sala de lo Social) de 20 de abril de 2015, Rec. 100/2014 (RJ 2015, 2811).

- STS (Sala de lo Social) de 23 de marzo de 2015, Rec. 287/2014 (RJ 2015, 1821).

- STS (Sala de lo Social) 25 de febrero de 2015, Rec. 36/2014 (RJ 2015, 1076).

- STS (Sala de lo Social) de 3 de febrero de 2015, Rec. 64/2014 (RJ 2015, 885).

- STS (Sala de lo Social) de 27 de enero de 2015, Rec. 28/2014 (RJ 2015, 628).

- STS (Sala de lo Social) de 12 noviembre de 2014, Rec. 13/2014 (RJ 2014, 6462).

- STS (Sala de lo Social) de 18 de junio de 2014, Rec. 187/2013 (RJ 2014, 4759).

- STS (Sala de lo Social) de 8 de abril de 2014, Rec. 218/2013 (RJ 2014, 4619).

- STS (Sala de lo Social) de 12 de febrero de 2014, Rec. 64/2013 (RJ 2014, 1095).

- STS (Sala de lo Social) de 11 de febrero de 2014, Rec. 742/2013 (RJ 2014, 1855).
- STS (Sala de lo Social) de 10 de diciembre de 2013, Rec. 82/2013 (RJ 2014, 2389).
- STS (Sala de lo Social) de 26 de noviembre de 2013, Rec. 449/2013 (RJ 2013, 8431).
- STS (Sala de lo Social) de 25 de noviembre de 2013, Rec. 23/2013 (RJ 2014, 418).
- STS (Sala de lo Social) de 24 de junio de 2013, Rec. 1031/2012 (RJ 2013, 6108).
- STS (Sala de lo Social) de 19 diciembre de 2012, Rec. 289/2011 (RJ 2012, 11278).
- STS (Sala de lo Social) de 2 de julio de 2012, Rec. 2086/2011 (RJ 2012, 8562).
- STS (Sala de lo Social) de 5 de junio de 2012, Rec. 62/2010 (RJ 2012, 9280).
- STS (Sala de lo Social) de 19 de diciembre de 2011, Rec. 218/2010 (RJ 2012, 382).
- STS (Sala de lo Social) de 13 de octubre de 2011, Rec. 177/2010 (RJ 2011, 7721).
- STS (Sala de lo Social) de 13 de junio de 2011, Rec. 2590/2010 (RJ 2011, 5336).
- STS (Sala de lo Social) de 2 de junio de 2011, Rec. 182/2010 (RJ 2011, 5211).
- STS (Sala de lo Social) de 30 de mayo de 2011, Rec. 69/2010 (RJ 2011, 5105).
- STS (Sala de lo Social) de 15 de marzo de 2011, Rec. 142/2010 (RJ 2011, 3257).
- STS (Sala de lo Social) de 3 de marzo de 2011, Rec. 91/2020 (RJ 2011, 3107).
- STS (Sala de lo Social) de 21 de octubre de 2010, Rec. 59/2009 (RJ 2010, 7819).

- STS (Sala de lo Social) de 11 de mayo de 2010, Rec. 1731/2009 (RJ 2010, 6821).

- STS (Sala de lo Social) de 28 de enero de 2010, Rec. 150/2007 (RJ 2010, 2821).

- STS (Sala de lo Social) de 13 de julio de 2009, Rec. 30/2008 (RJ 2009, 6088).

- STS (Sala de lo Social) de 7 de julio de 2009, Rec. 96/2007 (RJ 2009, 4560).

- STS (Sala de lo Social) de 1 de junio de 2009, Rec. 62/2008 (RJ 2009, 3295).

- STS (Sala de lo Social) de 26 de enero de 2009, Rec. 28/2006 (RJ 2009, 2995).

- STS (Sala de lo Social) de 15 de diciembre de 2008, Rec. 14/2007 (RJ 2009, 388).

- STS (Sala de lo Social) de 7 de noviembre de 2008, Rec. 37/2008 (RJ 2009, 384).

- STS (Sala de lo Social) de 5 de noviembre de 2008, Rec. 74/2007 (RJ 2008, 7408).

- STS (Sala de lo Social) de 30 de septiembre de 2008, Rec. 88/2007 (RJ 2008, 7037).

- STS (Sala de lo Social) de 10 de junio de 2008, Rec. 139/2005 (RJ 2008, 4446).

- STS (Sala de lo Social) de 9 de mayo de 2008, Rec. 164/2007 (RJ 2008, 4120).

- STS (Sala de lo Social) 20 de febrero de 2008, Rec. 4103/2006 (RJ 2008, 1634).

- STS (Sala de lo Social) de 30 de enero de 2008, Rec. 2543/2006 (RJ 2008, 2777).

- STS (Sala de lo Social) de 11 de octubre de 2007, Rec. 94/2005 (RJ 2008, 189).

- STS (Sala de lo Social) de 12 de junio de 2007, Rec. 5234/2004 (RJ 2007, 7502).

- STS (Sala de lo Social) de 2 de marzo de 2007, Rec. 131/2005 (RJ 2007, 3170).

- STS (Sala de lo Social) de 21 de marzo de 2006, Rec. 1044/2005 (RJ 2006, 4833).

- STS (Sala de lo Social) de 31 de octubre de 2005, Rec. 140/2004 (RJ 2006, 1305).

- STS (Sala de lo Social) de 13 de octubre de 2005, Rec. 210/2004 (RJ 2006, 1307).

- STS (Sala de lo Social) de 9 de junio de 2005, Rec. 126/2004 (RJ 2005, 5851).

- STS (Sala de lo Social) de 19 de abril de 2005, Rec. 855/2004 (RJ 2005, 5057).

- STS (Sala de lo Social) de 26 de enero de 2005, Rec. 35/2003 (RJ 2005, 3158).

- STS (Sala de lo Social) de 15 de diciembre de 2004, Rec. 115/2003 (RJ 2005, 2410).

- STS (Sala de lo Social) de 22 de julio de 2004, Rec. 3338/2003 (RJ 2004, 7480).

- STS (Sala de lo Social) de 27 de abril de 2004, Rec. 2133/2003 (RJ 2004, 3665).

- STS (Sala de lo Social) de 15 de marzo de 2004, Rec. 60/2003 (RJ 2004, 4389).

- STS (Sala de lo Social) de 4 de febrero de 2004, Rec. 98/2003 (RJ 2004, 2195).

- STS (Sala de lo Social) de 10 de diciembre de 2003, Rec. 3/2003 (RJ 2004, 1783).

- STS (Sala de lo Social) de 29 de abril de 2003, Rec. 120/2002 (RJ 2004, 1344).

- STS (Sala de lo Social) de 7 de abril de 2003, Rec. 148/2002 (RJ 2003, 5762).

- STS (Sala de lo Social) de 5 diciembre de 2002, Rec. 10/2002 (RJ 2003, 1944).

- STS (Sala de lo Social) de 26 de septiembre de 2002, Rec. 3543/2000 (RJ 2002, 10658).
- STS (Sala de lo Social) de 20 de septiembre de 2002, Rec. 1283/2001 (RJ 2003, 500).
- STS (Sala de lo Social) de 14 de junio de 2002, Rec. 1192/2001 (RJ 2002, 8372).
- STS (Sala de lo Social) de 7 de marzo de 2002, Rec. 1177/2001 (RJ 2002, 4666).
- STS (Sala de lo Social) de 6 de marzo de 2002, Rec. 437/2001 (RJ 2002, 4656).
- STS (Sala de lo Social) de 15 de noviembre de 2001, Rec. 1190/2001 (RJ 2002, 2971).
- STS (Sala de lo Social) de 10 de julio de 2001, Rec. 2800/2000 (RJ 2001, 9583).
- STS (Sala de lo Social) de 6 de junio de 2001, Rec. 4769/2000 (RJ 2001, 5494).
- STS (Sala de lo Social) de 3 de mayo de 2001, Rec. 1434/2000 (RJ 2001, 5196).
- STS (Sala de lo Social) de 26 de marzo de 2001, Rec. 4363/1999 (RJ 2001, 4112).
- STS (Sala de lo Social) de 7 de febrero de 2001, Rec. 2017/2000 (RJ 2001, 2147).
- STS (Sala de lo Social) 11 de diciembre de 2000, Rec. 2327/1999 (RJ 2001, 808).
- STS (Sala de lo Social) de 14 de julio de 2000, Rec. 2723/1999 (RJ 2000, 9642).
- STS (Sala de lo Social) de 20 de junio de 2000, Rec. 4140/1999 (RJ 2000, 5960).
- STS (Sala de lo Social) de 19 junio de 2000, Rec. 2994/1999 (RJ 2000, 7171).
- STS (Sala de lo Social) de 14 de abril de 2000, Rec. 982/1999 (RJ 2000, 8191).

- STS (Sala de lo Social) de 17 febrero de 2000, Rec. 3052/1999 (RJ 2000, 2050).

- STS (Sala de lo Social) de 29 de diciembre de 1999, Rec. 1300/1999 (RJ 2000, 570).

- STS (Sala de lo Social) de 26 de diciembre de 1999, Rec. 1544/1999 (RJ 1999, 10088).

- STS (Sala de lo Social) de 2 de noviembre de 1999, Rec. 4225/1998 (RJ 9185).

- STS (Sala de lo Social) de 9 de febrero de 1999, Rec. 1394/1998 (RJ 1999, 2483).

- STS (Sala de lo Social) de 25 de enero de 1999, Rec. 2567/1998 (RJ 1999, 897).

- STS (Sala de lo Social) de 11 de noviembre de 1998, Rec. 338/1998 (RJ 1998, 9625).

- STS (Sala de lo Social) de 21 de octubre de 1998, Rec. 1527/1998. (RJ 1998, 8910).

- STS (Sala de lo Social) de 27 mayo de 1998, Rec. 4572/1997 (RJ 1998, 4932).

- STS (Sala de lo Social) de 18 de mayo de 1998, Rec. 2623/1997. (RJ 1998, 4655).

- STS (Sala de lo Social) de 16 de marzo de 1998, Rec. 1884/1997 (RJ 1998, 2993).

- STS (Sala de lo Social) de 6 de marzo de 1998, Rec. 1535/1997 (RJ 1998, 2994).

- STS (Sala de lo Social) de 24 de diciembre de 1997, Rec. 1420/1997 (RJ 1998, 445).

- STS (Sala de lo Social) de 21 de octubre de 1997, Rec. 423/1996 (RJ 1997, 9154).

- STS (Sala de lo Social) de 20 de octubre de 1997, Rec. 350/1997 (RJ 1997, 7471).

- STS (Sala de lo Social) de 15 de julio de 1997, Rec. 1283/1996 (RJ 1997, 6569).

- STS (Sala de lo Social) de 3 de junio de 1996, Rec. 1814/1995 (RJ 1996, 4870).
- STS (Sala de lo Social) de 12 de febrero de 1996, Rec. 3489/1993 (RJ 1996, 1011).
- STS (Sala de lo Social) de 10 de mayo de 1995, Rec. 994/1993 (RJ 1995, 3758).
- STS (Sala de lo Social) de 31 de marzo de 1995, Rec. 2207/1994 (RJ 1995, 2353).
- STS (Sala de lo Social) de 16 de enero de 1995, Rec. 1094/1994 (RJ 1995, 354).
- STS (Sala de lo Social) de 19 de diciembre de 1994, Rec. 727/1994 (RJ 1995, 2556).
- STS (Sala de lo Social) de 1 de junio de 1994. (RJ 1994, 5398).
- STS (Sala de lo Social) de 15 de marzo de 1993, Rec. 1730/1991 (RJ 1993, 1859).

AUDIENCIA NACIONAL

- SAN (Sala de lo Social) n.º 30/2007, de 12 de marzo de 2007, Proc. 203/2006 (AS 2007, 2234).

TRIBUNALES SUPERIORES DE JUSTICIA

- STSJ de Madrid (Sala de lo Social) n.º 612/2023, de 21 de junio de 2023, Rec. 281/2023 (AS 2023, 304328).
- STSJ de Cantabria (Sala de lo Social) n.º 140/2020, de 17 de febrero de 2020, Rec. 972/2019 (AS 2020, 104901).
- STSJ (Sala de lo Social, Sede de Málaga) n.º 1051/2007, de 3 de mayo de 2007, Rec. 1/2007 (AS 2007, 3480).
- STSJ de Galicia (Sala de lo Social) de 18 de julio de 2002, Rec. 3395/2002 (AS 2002, 3096).

Epílogo

Apuntes complementarios sobre modalidades procesales colectivas

ANTONIO V. SEMPERE NAVARRO
Director de la Colección

I. LOS DIEZ ESENCIALES SOBRE EL PROCESO LABORAL

A)   *Los Diez Esenciales* es una ambiciosa propuesta de Editorial Aranzadi: se trata de agrupar en ese número de pequeñas monografías los contenidos principales de cuestiones nucleares en nuestro ordenamiento jurídico.

Para el Derecho del Trabajo y de la Seguridad Social constituye excelente noticia que una de sus primeras Series venga dedicada a materia tan emblemática como el Proceso (o Procedimiento) Laboral (o Social).

B)   Cada una de las diez monografías sigue la misma estructura, lo que permite la familiaridad con el modo de afrontar cada una de las materias elegidas:

– Una exposición sencilla e introductoria del correspondiente núcleo temático.

- Listado de cuestiones e indicación experta sobre el modo de afrontarla, siguiendo el método de «Pregunta y Respuesta».

- Los Anexos que se considere pertinente (datos estadísticos, infografías, materiales, esquemas, selección normativa o jurisprudencial, etc.).

C) El Plan editorial de esta Serie es el siguiente:

1. **La jurisdicción social: ámbito; plazos; postulación y defensa; actos procesales (Lexnet, domicilio, etc.)**

   VICTOR ANTRÀS RUBIO

   DANIEL CUBERO DÍAZ

2. **Cuestiones previas al juicio: conciliación o mediación; reclamación previa; medidas cautelares; demanda**

   ANTONIO PEDRAJAS QUILES

   MARÍA TERESA TRIGUEROS RAMOS

   MARÍA ORIO GONZÁLEZ

3. **Desarrollo del juicio: alegaciones, prueba y conclusiones**

   ALICIA MORO VALENTIN-GAMAZO

   CRISTINA BACHILLER MATALLANA

   MARIA MARTIN-MARQUINA PAGOLA

4. **Modalidades procesales; despidos y otras formas de extinción**

   PILAR CASCÓN ANSOTEGUI

   LUIS ZUMALACÁRREGUI PITA

   JULIO AGUADO CAÑAMARES

5. **Modalidades procesales: tutela de derechos fundamentales y procesos de índole colectiva (conflictos, convenios)**

   ALBERTO NOVOA MENDOZA

   RUBÉN GONZÁLEZ RODRÍGUEZ

6. **Modalidades procesales: Seguridad Social; vacaciones; modificaciones sustanciales**

CONCEPCIÓN GONZÁLEZ FERNÁNDEZ

CINTA VIVANCOS MARTÍN

JUAN MANUEL RODRÍGUEZ PEDREGOSA

7. **El recurso de suplicación. Otros remedios procesales**

ANA GÓMEZ HERNÁNDEZ

MARÍA JOSÉ RAMO HERRANDO

FERNANDO CANET RAMO

8. **Los recursos de casación**

ALFREDO ASPRA RODRÍGUEZ

PUY ABRIL LARRAINZAR

YOLANDA CANO GALÁN

9. **La ejecución (provisional o definitiva) de sentencias y sus distintas variantes**

LUIS PÉREZ JUSTE

JUAN JOSÉ TOVAR ROCAMORA

10. **El proceso laboral de carácter mercantil**

FRANCISCO CONDE VIÑUELAS

RUBÉN DOCTOR SÁNCHEZ-MIGALLÓN

VALENTÍN GARCÍA GONZÁLEZ

D)   Como responsable académico de la colección me complace manifestar mi agradecimiento a la Editorial Aranzadi por haberla puesta en mis manos. También, claro está, a quienes han asumido la tarea de afrontar la confección de cada uno de los volúmenes y aceptado sujetarse a las expuestas pautas metodológicas.

Mención singular requiere la colaboración prestada por la Junta Directiva de la Asociación Nacional de Laboralistas (ASNALA), encabezada por Ana Gómez Hernández. A su través (y con la impagable colaboración de la Doctora María José Ramo Herrando) ha sido posible reunir el panel de colaboraciones ya indicado.

E)   Por último, vale la pena advertir que el lugar que ocupan estas páginas (a modo de epílogo) obedece a dos razones: evidenciar que lo relevante es el estudio que antecede y que están escritas tras su examen. Como siempre, se trata de inducir a la consulta de los epígrafes precedentes, actuando como complemento o refuerzo de ellos.

II. CONFLICTO COLECTIVO E IMPUGNACIÓN DE CONVENIO

Las primeras ciento treinta cuestiones que aborda la obra epilogada se centran, con evidente acierto en la selección de problemas y respuestas, en dos modalidades procesales muchas veces estrechamente emparentadas. La de conflictos colectivos y la de impugnación de convenios colectivos.

1. UNAS PREVISIONES NORMATIVAS ENTRECRUZADAS

Las previsiones sobre ambas modalidades vienen propiciando que, no pocas veces, haya dudas sobre cuál de ellas sería la pertinente. El art. 153.1 LRJS, en lo que ahora interesa, dispone que se tramitarán a través del proceso de conflicto colectivo «las demandas que afecten a intereses generales de un grupo genérico de trabajadores o a un colectivo genérico susceptible de determinación individual y que versen sobre la aplicación e interpretación de una norma estatal, convenio colectivo, cualquiera que sea su eficacia, pactos o acuerdos de empresa, o de una decisión empresarial de carácter colectivo...».

Por su parte los arts. 163. 164 y 165 LRJS, regulan el proceso de impugnación por ilegalidad o lesividad de convenios colectivos, en los que se sostenga que una determinada previsión convencional no es ajustada a Derecho por contravenir preceptos legales de necesaria aplicación o lesionar intereses de terceros. En concreto, el art. 163.4 LRJS prescribe que la falta de impugnación directa de un convenio colectivo de los mencionados en el apartado 1 de este artículo no impide la impugnación de los actos que se produzcan en su aplicación, a través de los conflictos colectivos o individuales posteriores que pudieran promoverse por los legitimados para ello, fundada en que las disposiciones contenidas en los mismos no son conformes a Derecho. El juez o tribunal que en dichos procedimientos apreciara la ilegalidad de alguna de las referidas disposiciones lo pondrá en conocimiento del Ministerio Fiscal para que, en su caso, pueda plantear su ilegalidad a través de la modalidad procesal de impugnación de convenios colectivos.

2. FINALIDADES DISTINTAS DE LAS DOS MODALIDADES

A) La STS 127/2016 de 22 marzo (rec. 238/2017) contiene doctrina que ha sido acuñada múltiples veces por esta Sala. En ellas se explica, desde la perspectiva de encauzamiento de la pretensión, la diferencia entre la modalidad procesal de conflicto colectivo y la de impugnación de convenios colectivos estatutarios: el proceso de conflicto colectivo de trabajo es el adecuado para declarar cuál de varias opciones interpretativas sobre el sentido de una disposición o cláusula es la más ajustada a Derecho, pero no para la invalidación o eliminación de una regla o precepto.

B) Las SSTS 99/2019 de 7 febrero (rec. 223/2017) y 198/2020 de 3 marzo (rec. 115/2018) explican que el art. 163.4 de la LRJS permite que en los conflictos colectivos puedan impugnarse los actos que se produzcan en aplicación del convenio colectivo, sin que sea necesaria la impugnación directa del convenio y pese a que la acción pueda estar fundada en que sus disposiciones no son conformes a derecho. En consecuencia, hay dos situaciones jurídicas diferentes:

- Los legitimados activamente para ejercitar la acción de impugnación de convenios colectivos pueden acudir a esa modalidad procesal para cuestionar la legalidad de un determinado precepto convencional, sin tener que esperar a la consumación de actos que se produzcan en su aplicación.

- Los actos ya realizados que se produzcan en aplicación del convenio pueden ser impugnados a través de conflictos colectivos con fundamento en que las disposiciones contenidas en los mismos no son conformes a Derecho, sin que sea necesaria la impugnación directa del convenio.

C) De este modo, la modalidad procesal de impugnación de convenios colectivos ya se puede activar cuando todavía no se ha producido ninguna actuación empresarial en aplicación de los preceptos convencionales cuya ilegalidad se cuestiona. La modalidad procesal de conflicto colectivo solo cabe una vez que tal actuación ya se ha llevado a efecto y queda por este motivo condicionada a que dicha situación se presente.

3. RELEVANCIA DE LA PRETENSIÓN FORMALIZADA

A) Cuando ya se ha aplicado el convenio por la actividad del empleador, la inadecuación de procedimiento solo concurre si se solicita la declaración de nulidad por ilegalidad del precepto convencional a través de la modalidad procesal de conflicto colectivo.

La STS 73/2017 de 30 enero (rec. 44/2016) explica que debe estarse a la pretensión plasmada en el escrito de demanda y estimar adecuada la modalidad del conflicto colectivo «si no comporta la impugnación de ningún precepto del convenio colectivo».

La ya citada STS 159/2022 concluye que la modalidad procesal de conflicto colectivo es adecuada cuando lo que se combate es una determinada actuación de la empresa en la aplicación del convenio y para ello se alega que los preceptos convencionales no son ajustados a Derecho, sin pretender la declaración de ilegalidad de estos. El art. 163.4 de la LRJS lo admite expresamente.

B) Las SSTS 189/2022 de 24 de febrero (rec. 176/2021); 73/2023 de 21 enero (rec. 124/2021) y 329/2024 de 22 febrero (rec. 122/2021), entre otras, han abordado supuestos en que los demandantes interesan determinada interpretación de previsiones convencionales, sin cuestionar su legalidad. En tales casos la pretensión ejercitada ha sido correctamente planteada por la vía del conflicto colectivo y no era necesario que los demandantes acudieren a la modalidad de impugnación de convenio colectivo. Tampoco se trata de un conflicto de intereses, por cuanto se limitan a solicitar una determinada y concreta interpretación de las normas convencionales.

C) Las SSTS 219/2021 de 23 febrero (rec. 149/2019) y 1086/2021 de 3 noviembre (rec. 31/2020), además de otras posteriores, han aclarado que cuando se aprecia la existencia de un conflicto de intereses o económico, no debe estimarse la excepción de inadecuación de procedimiento, sino que, al tratarse de un pronunciamiento sobre el fondo del asunto, debe desestimarse la demanda. Igualmente señalamos que cuando se ha suscitado un conflicto de intereses o económico, tampoco cabe declarar la falta de jurisdicción porque la competencia para resolver dicha pretensión no corresponde a los Tribunales de otro Estado, ni a los Tribunales de otro orden jurisdiccional, ni a una Administración Pública, ni a un árbitro. No puede reiterarse la misma pretensión ante los citados órganos o entidades. Por ello, debe dictarse sentencia desestimatoria de la demanda que produce efecto de cosa juzgada.

III. FUNCIONALIDAD DE LA IMPUGNACIÓN DEL CONVENIO COLECTIVO

La modalidad procesal que permite impugnar directamente un convenio colectivo posee una especial configuración puesto que combina la satisfacción de intereses particulares con la depuración del ordenamiento jurídico. De ahí que convenga repasar los perfiles básicos de su alcance y condicionantes. La doctrina aparece condensada en las SSTS 438/2016, de 18 de mayo (rec. 140/2015); 618/2016 de 6 de julio (rec. 229/2015), 269/2018 de 13 marzo (rec. 269/2018); 430/2024 de 6 de marzo (rec. 282/2021).

1. REGULACIÓN PROCESAL

A) El artículo 163.3 LRJS prescribe que si el convenio colectivo ya hubiere sido registrado, como es el caso, su impugnación «podrá instarse directamente por los legitimados para ello por los trámites del proceso de conflicto colectivo, mientras subsista la vigencia de la correspondiente norma convencional». Lo importante para la viabilidad de la impugnación es que los preceptos del convenio colectivo impugnado estén vigentes en el momento de «instarse» el procedimiento.

B)   Conforme al artículo 165.3 LRJS «la demanda contendrá, además de los requisitos generales, los particulares que para la comunicación de oficio se prevén en el artículo anterior, debiendo, asimismo, acompañarse el convenio y sus copias». En concordancia, el art. 164.1 LRJS establece tres exigencias: «a) La concreción de la legislación y los extremos de ella que se consideren conculcados por el convenio; b) Una referencia sucinta a los fundamentos jurídicos de la ilegalidad; c) La relación de las representaciones integrantes de la comisión o mesa negociadora del convenio impugnado».

A la vista de ello, por lo tanto, la demanda está obligada a cumplir las exigencias del artículo 164.1 LRJS. La razón es bien sencilla: este precepto, ciertamente, se refiere a la comunicación de oficio que puede presentar la autoridad laboral para impugnar el convenio colectivo y en sí mismo sería inaplicable; ahora bien, el art. 165 LRJS dispone que ha de impugnarse el convenio «por los trámites del proceso de conflicto colectivo» (apartado 1), pero debiendo cumplir la demanda con los requisitos particulares que para la comunicación de oficio se prevén (apartado 3). Es decir, la remisión al procedimiento de conflicto colectivo va acompañada de esa otra, en tal caso a las exigencias de la demanda de oficio.

C)   Regulando los efectos y contenido de la sentencia, el artículo 166.2 LRJS dispone que «una vez firme producirá efectos de cosa juzgada sobre los procesos individuales pendientes de resolución o que puedan plantearse en todos los ámbitos de la jurisdicción sobre los preceptos convalidados, anulados o interpretados objeto del proceso».

Finalmente, el artículo 166.3 LRJS prescribe que «Cuando la sentencia sea anulatoria, en todo o en parte, del convenio colectivo impugnado y éste hubiera sido publicado, también se publicará en el Boletín Oficial en que aquél se hubiere insertado».

2. LEGITIMACIÓN ACTIVA

El artículo 165.1.a) LRJS dispone que la legitimación activa para impugnar un convenio colectivo, por los trámites del proceso de conflicto colectivo corresponde si la impugnación se fundamenta en la ilegalidad, a los órganos de representación legal o sindical de los trabajadores, sindicatos y asociaciones empresariales interesadas. Cuando se cuestiona la legalidad de lo convenido no desaparece la legitimación para impugnarlo por el hecho de que se trate de una asociación empresarial o sindicato firmante (STS 20 septiembre 2002, rec. 1283/2001). Las SSTS 664/2022 de 13 julio (rec. 161 2020) y 343/2023 de 10 mayo (rec. 15/2021) compendian la invariada doctrina al respecto.

Tal expresión alude a que «tengan una relación directa con el objeto del conflicto» (STC 70/1982). La jurisprudencia ha reiterado (por todas: STS de 27 de septiembre de 2016, rec. 203/2015) que para constatar la existencia de dicha relación directa, esto es, para obtener la condición de interesado resulta necesario que la demandante ostente un interés legítimo en el pleito o, lo que es lo mismo, que el órgano de representación colectivo se vea afectado por el convenio que se trata de impugnar, al existir representados que se encuentran incluidos en el ámbito de aplicación del convenio cuestionado (SSTS de 14 de abril de 2000, Rec. 982/1999, de 20 de marzo de 2007, Rec. 30/2006 y de 11 de noviembre de 2009, Rec. 38/2008). Existe, por tanto, una reserva de legitimación a los sujetos colectivos que fue tempranamente avalada por el Tribunal Constitucional que consideró que tal legitimación restringida es acorde con la CE y no vulnera el derecho a la tutela judicial efectiva por cuanto que esta reserva no cierra la posibilidad de que los sujetos individuales (trabajadores o empresarios) acudan al procedimiento ordinario o al proceso de conflicto colectivo para conseguir del órgano judicial la inaplicación de la cláusula del convenio que se considere ilegal, si bien no se podrá declarar en la sentencia la nulidad *erga omnes* del convenio en estos casos (SSTC 4/1987; 47/1988 y 145/1991, entre otras). Y es que la lista del precepto legal (artículo 165.1.a LRJS) es cerrada, hasta el punto de que ningún otro sujeto, aunque acreditara interés en ello, podría promover este tipo de procesos.

3. CONTENIDO DE LA SENTENCIA

Respecto del contenido y alcance de la sentencia que debe recaer, en la Ley aparecen previsiones que inducen a pensar en su posible funcionalidad interpretativa, mientras que otras apuntan solamente al control de la legalidad. Clarificando esa confusa redacción de la LRJS, la jurisprudencia establece que el resultado del control judicial sobre la legalidad del convenio cuestionado debe ser el siguiente:

- A través de la impugnación del convenio colectivo solo cabe interesar su declaración de ilegalidad (total, parcial) o lesividad. No es posible interesar que se asuma o descarte determinada interpretación.

- El fallo de la sentencia ha de ser congruente con lo solicitado, concediendo, denegando o accediendo parcialmente a lo pedido.

- Para descartar la ilegalidad solicitada basta con evidenciar que una o varias interpretaciones así lo exigen, pero sin que ese razonamiento o condicionante acceda al fallo.

- La interpretación de los preceptos, mostrando su ajuste a Derecho y descartando su ilegalidad, vincula con los efectos propios de la cosa juzgada e impide ulteriores declaraciones de ilegalidad (con el marco jurídico válido en el momento) o inaplicaciones del convenio pero no otros entendimientos.

- Conflictos posteriores (individuales o colectivos) pueden versar sobre el significado o modo de aplicar el convenio en los extremos no declarados ilegales.

De cuanto antecede deriva que si los preceptos cuestionados (interpretados con arreglo a cuanto se haya expuesto en la fundamentación) pueden conciliarse con el resto del ordenamiento, el órgano judicial no debe ni declararlos ilegales, ni restringir de futuro su interpretación sino, simplemente, desestimar la demanda.

4. CONCURRENCIA CON LA PÉRDIDA SOBREVENIDA DE OBJETO LITIGIOSO

Respecto a la cuestión relativa a si concurre o no la carencia de objeto sobrevenida de un convenio colectivo vigente en el momento de interposición de la demanda, pero que finaliza su vigencia a lo largo del procedimiento interesa recordar la doctrina de las SSTS 23 junio 2010 (rec. 44/2009), 15 septiembre 2010 (rec. 51/2009), 18 junio 2014 (rec. 187/2013), 2 julio 2014 (rec. 131/2013); 994/2016 de 24 noviembre (rec. 53/2016); 430/2024 de 6 marzo (rec. 282/2021) y 954/2024 de 26 junio (rec. 162/2022).

Ausencia de plazo específico para impugnar el convenio por ilegalidad.—La norma que surge de la negociación colectiva, acostumbra a tener vocación coyuntural o limitada en el tiempo, condicionada en muchas ocasiones, entre otras cosas, por las circunstancias del mercado o por la propia posición de las partes negociadoras, por lo que normalmente tiene unos períodos de vigencia relativamente cortos; y si esto es así, el principio de seguridad jurídica no se resiente por el hecho de que el convenio colectivo pueda ser impugnado en su dimensión colectiva durante todo su período de vigencia; por el contrario, ello puede ser la garantía de su obligado y permanente «respeto a las Leyes» (art. 85.1 ET) y de su necesaria acomodación al sistema de fuentes de nuestro ordenamiento laboral (art. 3 ET). Por tanto, la impugnación directa del Convenio que se fundamenta en la ilegalidad no está sujeta a plazo y puede hacerse a lo largo de toda su vigencia, tras la cual habrá de apreciarse falta de acción.

La desaparición del objeto del recurso.—Con apoyo en jurisprudencia contenciosa se sostiene que en los recursos directos contra disposiciones generales, la ulterior derogación de éstas —o su declaración de nulidad por sentencia anterior— ha determinado la desestimación de los recursos correspondientes, no porque en su momento no estuviesen fundados, sino porque la derogación sobrevenida de la norma priva a la controversia de cualquier interés o utilidad real. Esta misma causa de terminación del proceso se ha aplicado en los recursos cuyo objeto no era la impugnación de una disposición general, sino de una resolución o acto administrativo singular.

Perspectiva constitucional.—La STC 84/2006, admite que, pese al silencio de la LOTC, la desaparición sobrevenida del objeto del proceso debe admitirse como como forma de terminación de los distintos procesos constitucionales. Por ejemplo, cuando se ha reparado por una vía distinta el daño denunciado por una demanda de amparo, salvo que exista elementos de juicio que siguieran haciendo precisa la respuesta. En los recursos de inconstitucionalidad, cuya finalidad última es la depuración objetiva del ordenamiento jurídico, la modificación, derogación o pérdida de vigencia de la norma que se recurre puede producir la extinción sobrevenida del proceso, pues, como regla general, en un recurso abstracto, como el de inconstitucionalidad, carece de sentido pronunciarse sobre normas que el mismo legislador ha expulsado ya del ordenamiento de modo total, sin ultraactividad (entre otras muchas, SSTC 19/2012, de 15 de febrero, FJ 2; 216/2012, de 14 de noviembre, FJ 2; 9/2013, de 28 de enero, FJ 2, y 44/2023, de 9 de mayo, FJ 1).

Sentencia de imposible cumplimiento.—En algunas ocasiones también se explica que «carece de objeto pronunciarse sobre la legalidad de preceptos que ya no se integran en el ordenamiento jurídico aplicable, por lo que no tendría sentido examinar las infracciones jurídicas respecto de una sentencia que, como la recurrida, deviene de imposible ejecución».

Interpretación sistemática de la LRJS.—La referencia del artículo 163.3 LRJS a la impugnación de convenios «mientras subsista la vigencia de la correspondiente norma convencional», avala la doctrina jurisprudencial expuesta, y ello sin perjuicio de las posibles acciones individuales de reclamación de derechos, que quedan al margen del debate ni eran objeto del proceso, pues la falta de objeto sobrevenida concurre en relación a la nulidad postulada de parte de la norma convencional derogada, pero no impide que las personas individuales puedan ejercitar sus posibles derechos derivados de los preceptos de dicha norma.

Conclusión.—En las sentencias citadas concurren tanto supuestos en que la demanda instando la declaración de ilegalidad ya era posterior a la derogación de las normas cuestionadas cuanto otros en los que esa circunstancia surge de forma sobrevenida, sobre la marcha del procedimiento. Todas ellas concluyen que existe carencia de objeto litigioso y que carece de sentido dictar una sentencia sobre el ajuste a Derecho de unos preceptos ya desaparecidos del ordenamiento jurídico.

5. LA INTERPRETACIÓN DE LOS CONVENIOS COLECTIVOS

Existe una consolidada jurisprudencia sobre la interpretación de los convenios colectivos. Entre otras muchas, las SSTS 104/2020 de 5 febrero (rcud. 3174/2017); 904/2020 de 13 octubre (rc. 132/2019); 577/2020 de 1 de julio (rc. 223/2018); 1125/2020 de 15 diciembre (rc. 80/2019); 1135/2020 de 21 diciembre (rc. 76/2019) y 509/2024 de 20 marzo (rec. 98/2022) la compendian.

Atendida su singular naturaleza mixta (contrato con efectos normativos y norma de origen contractual), la interpretación de los mismos debe hacerse utilizando los siguientes criterios: 1.º) La interpretación literal, atendiendo al sentido literal de sus cláusulas, salvo que sean contrarias a la intención evidente de las partes (arts. 3.1 y 1281 CC). 2.º) La interpretación sistemática, atribuyendo a las cláusulas dudosas el sentido que resulte del conjunto de todas (arts. 3.1 y 1285 CC). 3.º) La interpretación histórica, atendiendo a los antecedentes históricos y a los actos de las partes negociadoras (arts. 3.1 y 1282 CC). 4.º) La interpretación finalista, atendiendo a la intención de las partes negociadoras (arts. 3.1, 1281 y 1283 CC). 5.º) No cabrá la interpretación analógica para cubrir las lagunas del convenio colectivo aplicable. 6.º) Los convenios colectivos deberán ser interpretados en su conjunto, no admitiéndose el «espigueo».

Una antigua línea jurisprudencial sostenía que «la interpretación de los contratos y demás negocios jurídicos (y el convenio colectivo participa de tal naturaleza) es facultad privativa de los Tribunales de instancia, cuyo criterio, como más objetivo, ha de prevalecer sobre el del recurrente, salvo que aquella interpretación no sea racional ni lógica, o ponga de manifiesto la notoria infracción de alguna de las normas que regulan la exégesis contractual». (SSTS de 5 de junio de 2012, rec. 71/2011; de 15 de septiembre de 2009, rec. 78/2008, entre muchas otras). De este modo, «en materia de interpretación de cláusulas de convenios y acuerdos colectivos, en cuyo esclarecimiento se combinan las reglas de interpretación de las normas con las de la interpretación de los contratos, debe atribuirse un amplio margen de apreciación a los Órganos jurisdiccionales de instancia, ante los que se ha desarrollado la actividad probatoria relativa a la voluntad de las partes y a los hechos comitentes» (STS de 20 de marzo de 1997, rec. 3588/1996).

Sin embargo, con arreglo a la doctrina actual, frente a la opción de dar por buena, en todo caso, la interpretación efectuada por la sentencia de instancia, lo que le corresponde realizar cuando se discute por el recurrente aquella interpretación, consiste en verificar que la exégesis del precepto convencional efectuada por la sentencia recurrida se adecua a las reglas de interpretación que se derivan de los artículos 3 y 1281 y ss. CC.

IV. LEGITIMACIÓN SINDICAL EN LA MODALIDAD DE TUTELA

Cuestión muy polémica es la referida a la legitimación del sindicato para accionar por la vía de vulneración de derechos fundamentales y reclamar el abono de la indemnización por daños morales. La jurisprudencia la abordado últimamente al hilo del supuesto en que la empresa ha denegado indebidamente a un delegado sindical la información interesada.

1. SUPUESTOS DE FALTA DE LEGITIMACIÓN

Puesto que la información omitida o denegada por la empresa tiene como destinatario al delegado sindical, de entrada la titularidad del derecho a la libertad sindical vulnerada es suya, que no de la organización a que pertenece. Por ello, en algún caso, se ha negado legitimación activa al sindicato que reclama daños y perjuicios derivados de esa ilícita conducta empresarial.

STS 24/2020 de 14 de enero (rec. 145/2018).—Afronta un litigio en que se impetra tutela de su libertad sindical por un sindicato y su delegado sindical. Solicitaban la condena a la empresa a facilitar a ambos la misma información que proporciona el comité de empresa, así como al abono de una indemnización de 90.000 euros a cada demandante. Con apoyo en otro pronunciamiento anterior (STS 20 de abril de 1998, rec. 1521/1997), advierte que estos derechos invocados en ejercicio de las facultades del art. 10.3 LOLS corresponden al delegado sindical y no al sindicato. Esto es, el sindicato reclama la indemnización por el incumplimiento de carencia de información padecido por el delegado sindical, sin más razones que justifiquen la condena a la cantidad reclamada en favor del sindicato. Lo que sucede allí es que «el sindicato recurrente no interviene en defensa de un derecho propio, sino como coadyuvante, lo que comporta, que su pretensión quede subordinada al éxito de la que formula la otra parte y que al no ser un derecho propio el lesionado carezca en cualquier caso del derecho a ser indemnizado.».

STS 341/2024 de 22 febrero (rec. 329/2021).—Con apoyo en la recién expuesta STS 24/20200, aprecia de oficio la falta de legitimación activa del sindicato en un litigio con la misma temática. La indemnización fue reclamada exclusivamente por y para el sindicato actor —no por y para los delegados sindicales como personas físicas— a causa de los incumplimientos padecidos por el delegado sindical; por lo tanto, al no intervenir el sindicato en este proceso defendiendo un derecho propio tampoco se le puede reconocer indemnización por daños morales, al no acreditarse en qué manera se dañó la imagen y reputación del sindicato.

2. SUPUESTOS DE CONCURRENCIA DE LEGITIMACIÓN

La **STS 92/2019 de 6 de febrero (rec. 224/2017)** versa sobre tutela de la libertad sindical pedida por el sindicato y su delegado sindical, frente a la misma empresa. Considera procedente la indemnización por daños morales reclamada por el sindicato. El Sindicato demandante ha alegado en su demanda las bases y puntos clave de la indemnización que reclama, señalando los actos constitutivos de lesión de la libertad sindical, la forma en que se ha violado y la gravedad de la conducta de la empresa, las consecuencias que ha generado respecto a la imagen, irradiación y cumplimiento de sus fines por el Sindicato, lo que supone la concreción de los daños morales sufridos. Por tanto el accionante ha cumplido sobradamente los requisitos que a la demanda exige el artículo 179.3 de la LRJS. De esta manera, cabe la posibilidad de que los sindicatos, aun cuando intervengan como coadyuvantes, puedan reclamar la indemnización por daños morales siempre que hayan individualizado, precisado y acreditado los elementos causantes de los perjuicios a su imagen y reputación. Lo que se precisa es que, desde que se traba el procedimiento, el sindicato haya puesto de relieve si, en cuanto tal, entiende vulnerado sus derechos así como las razones de ello, además de interesar la reposición exigida legalmente.

La **STS 906/2024 de 11 junio (rec. 14/2022)** sigue este mismo camino. Explica que se está ante una acción de tutela que alberga todos los datos relativos a puntos esenciales de la indemnización reclamada, identificando los actos constitutivos de lesión de la libertad sindical, la gravedad de su conducta por reiterativa y la manera en que ha afectado a su imagen, lo que supone la concreción de los daños morales sufridos. Se ha confirmado que la conducta de la demandada es obstruccionista con los derechos del delegado sindical. Consta también la descripción de elementos generadores del daño a la imagen del sindicato para cumplir su principal fin de defensa de los derechos de los trabajadores, luego plasmados en los hechos probados.

V. RELEVANCIA PRÁCTICA DEL ENCAUZAMIENTO PROCESAL PREFERIBLE

Un supuesto práctico inmejorable para apreciar la relevancia del enfoque profesional que se dé a cualquier caso lo encontramos en las SSTS 524/2024 de 3 de abril (rcud. 5599/2022) y 780/2024 de

29 mayo (rcud. 2076/2023). El origen del caso se encuentra en una convocatoria del SEPE que permitió a la Delegación del Gobierno de Ceuta contratar, temporalmente, trabajadores para servicios de interés general. Los trabajadores demandaron, alegando que no se les aplicó el convenio colectivo que correspondía, percibiendo salarios inferiores a los estipulados.

Partiendo de que ha habido vulneración del principio de igualdad de trato y no discriminación, se discute si los salarios dejados de percibir deben reclamarse mediante procedimiento ordinario o si es posible subsumirlos en las compensaciones por daños morales y lucro cesante.

1. OBJETO DEL PROCEDIMIENTO DE TUTELA

El Tribunal Constitucional en orden a la relación entre la indemnización y la efectiva reparación del derecho fundamental lesionado, explica que la Constitución protege los derechos fundamentales no en sentido teórico e ideal, sino como derechos reales y efectivos (STC 176/1988) y de que los arts. 9.1 y 53.2 CE impiden que la protección jurisdiccional de los derechos y libertades se convierta en un acto meramente ritual o simbólico (STC 12/1994).

2. OPERATIVIDAD DE LA PRESCRIPCIÓN

La acción resarcitoria no puede entenderse nacida hasta que queda sin efecto la situación a la que se vincula la existencia de los daños. De esta manera, resulta evidente que no había prescrito la acción de los actores para reclamar por la vulneración de su derecho a la igualdad y no discriminación en materia retributiva, dado que esa situación discriminatoria subsistía en el momento en que se ejercitó la acción. Finalmente, aclaramos que en este caso el acudir a las diferencias salariales para fijar el lucro cesante no supone estar ante reclamación ordinaria de cantidad, sino «...simplemente ante un criterio —objetivo, claro, transparente y totalmente adecuado— para fijar la cuantía de la indemnización que resarce los daños y perjuicios causados».

3. CONCLUSIÓN

La reclamación de salarios por la vía del procedimiento común habría permitido que la prescripción operase desde el momento en que cada una de las mensualidades retributivas no fue correctamente satisfecha. Por el contrario, al asociar su reclamación a la vulneración del derecho fundamental, se entiende que existe una infracción de tracto sucesivo y solo cuando termina es cuando comienza a correr la prescripción.

VI. LA PRESENTE MONOGRAFÍA

Su estructura.—Con fidelidad tanto al diseño global de la Colección cuanto a la propia rúbrica del volumen, son tres las partes en que se integra el contenido de la monografía.

Los conflictos colectivos.—La primera versa sobre la modalidad procesal de conflicto colectivo, una de las más versátiles y peculiares de nuestra legislación. También una de las que mayores posibilidades de conocimiento en la instancia proporciona a los órganos colegiados (Tribunales Superiores de Justicia, Audiencia Nacional). La aparente sencillez del procedimiento se torna en complejidad que requiere de ideas claras sobre las partes (legitimación activa, pasiva, litisconsorcio, interesados), las consecuencias sobre las relaciones individuales o la necesaria representatividad a la hora de alcanzar transacciones, por ejemplificar. Un recordatorio sobre las modalidades de conflicto (individuales, plurales; de aplicación, de regulación; actuales, hipotéticos; laborales o de Seguridad Social).

A través de setenta y nueve ítems aparecen sucesivamente abordados los núcleos temáticos reseñados y algunos otros. De este modo, podemos chequear las cuestiones cruciales respecto del objeto del procedimiento (incluyendo el examen de su adecuación; la concordancia con otros sobre despidos colectivos, problemas plurales, novaciones sustanciales, reclamación salarial, convenio aplicable, cesión ilegal, subrogación, selección de personal, derechos fundamentales, derecho a negociar, mediación) o de los presupuestos de procedibilidad (cargas procesales de quienes intervienen; (adecuación procesal, trámites previos).

Sin desdeñar la relevancia de las cuestiones prácticas sobre competencia (funcional, territorial, acumulaciones), especial relevancia presenta todo lo referente a la legitimación activa y pasiva de los agentes sociales (epígrafes 39 y siguientes). El examen de esta primera parte concluye con los temas de tramitación procesal (efectos interruptivos o suspensivos sobre las relaciones individuales, recursos interlocutorios, alcance de la sentencia, ejecución, etc.).

Los convenios colectivos.—Este singular mecanismo nomofiláctico aparece estudiado en las cuestiones 80 a 130. De ese modo, encontramos múltiples entradas referidas al objeto de la modalidad procesal (atendiendo al tipo de instrumento colectivo cuestionado; a las causas de impugnación), a los requisitos de procedibilidad (trámites previos; acreditación), a la competencia judicial, a la legitimación activa (desarrollando el apunte del presente apartado IV: la empresa, la Administración Laboral, los órganos unitarios, los terceros) y pasiva.

Tampoco queda al margen el examen del contenido de la demanda (requisitos específicos; plazo; contenido necesario) y la tramitación (adecuación de procedimiento; pérdida de objeto; litispendencia; preferencia y sumariedad; juicio; sentencia).

Esta segunda parte, pues, pone de relieve que se trata de una de las modalidades procesales más técnica y singular. Los autores ponen de manifiesto la conveniencia de conocerla bien por diversas razones: Eficiencia Procesal; Seguridad Jurídica; Protección de Derechos; Dinamicidad de las normas laborales.

Tutela de derechos fundamentales.—La tercera parte va referida e la modalidad procesal de tutela de derechos fundamentales en el ámbito procesal laboral. También se han atrevido los autores a relacionar sus principales objetivos: Protección de las personas trabajadoras; Cumplimiento de la legislación; Resolución de conflictos; Mejoría de la reputación profesional. Los epígrafes 131 y siguientes (hasta el último) se ocupan de ella. Vale la pena recalcar la forma en que se expone el contenido, ordena y clara:

- Objeto del proceso (identificación de los derevjso y libertades; pretensión; caracteres de la lesión; acumulación; concordancias con el proceso ordinario y otras modalidades).

- Requisitos de la demanda, competencia judicial y legitimación (elenco de sujetos; activa, pasiva; la Autoridad Laboral), así como intervención del Ministerio Fiscal o de terceras personas.

- Tramitación (plazo, subsanabilidad, medidas cautelares, carga probatoria, preferencia y sumariedad), Juicio y sentencia (alcance, daños y perjuicios, ejecución frente a sujetos privados o públicos, recurribilidad)

Valoración.—Las páginas que preceden destacan por el modo claro y directo con que aparece la respuesta a las muy interesantes preguntas que nos van conduciendo por lo esencial de las tres modalidades de referencia. La acertada combinación de las previsiones normativas y la jurisprudencia avalan cuanto se nos dice. Eso propicia que de las respuestas emane una especie de *auctoritas* máxima, sin dejar más resquicio para las dudas que la propia exposición a veces apunta.

En fin, como siempre que nos enfrentamos con preguntas, lo lógico es que cada cual busque no solo ilustrarse para un asunto concreto, sino también ponerse a prueba.

VII. APUNTE DE JURISPRUDENCIA UNIFICADA SOBRE TUTELA DE DERECHOS FUNDAMENTALES[1]

1. ÁMBITO U OBJETO DEL PROCESO

- INVOCACIÓN DE VULNERACIÓN DE UN DERECHO FUNDAMENTAL.—La modalidad procesal de tutela regula-

---

1. A partir de los Estudios de Jurisprudencia Social Unificada elaborados en coautoría con el Dr. Cavas Martínez y publicados en *Aranzadi Social*.

da en los arts. 175 y siguientes de la LPL es adecuada para sustanciar aquellas pretensiones que formalmente invoquen la vulneración del derecho de libertad sindical o de cualquier otro derecho fundamental, aunque al cabo resulten desestimadas y/o se trate de hechos pretéritos, no procediendo la declaración de inadecuación de procedimiento *a limine litis*[2].

- COGNICIÓN LIMITADA.—El ámbito material del proceso no puede ser tan amplio como para encauzar a su través toda vulneración de derechos sindicales, aunque el contenido constitucional del derecho no está sólo en la Ley Fundamental sino también en parte de las normas de desarrollo[3].

- EFECTOS DE SU INADECUADA SUSTANCIACIÓN.—La inadecuada tramitación de una pretensión por el procedimiento de tutela de derechos fundamentales no es causa de nulidad si no resulta indefensión para ninguna de las partes[4].

- ACTIVIDAD SINDICAL.—El proceso de tutela de libertad sindical es adecuado para sustanciar la pretensión de un delegado sindical y miembro del comité de empresa que denuncia la imposibilidad o dificultad de ejercer en el seno de dicho comité su derecho a la actividad sindical, por un defectuoso funcionamiento de este organismo representativo[5].

- RECLAMACIÓN DE TRIENIOS RECONOCIDOS JUDICIALMENTE.—El proceso de tutela de derechos funda-

---

2. SSTS 6 octubre 1997 (RJ 1997, 7191) (Ponente, Sr. Desdentado Bonete); 14 y 24 noviembre 1997 (RJ 1997, 8312 y 8617); 3 febrero 1998 (RJ 1998, 1430); 20 junio 2000 (RJ 2000, rec. 4140/1999); 27 mayo 2002 (RJ 2002, rec. 3337/2001); 14 junio 2002 (RJ 2002, rec. 1192/2001); 17 mayo 2005 (RJ 2005, 6446).

3. SSTS 14 y 18 julio 2006 (RJ 2006, 6454 y 8426; Sala general) (Ponente, Sr. Desdentado Bonete; Ponente, Sr. Gullón Rodríguez).

4. SS 19 enero 2004 (RJ 2004, 2034) (Ponente, Sr. Iglesias Cabero); 26 julio 2004 (RJ 2004, 5734) y 21 noviembre 2006 (RJ 2006, 9297) (Ponente, Sra. Calvo Ibarlucea).

5. STS de 31 octubre 2012 (RJ 2013, 1572) (Ponente, Sr. Martín Valverde).

mentales no es el adecuado para la reclamación del derecho a trienios reconocido en anteriores sentencias firmes, sino el proceso de ejecución de las respectivas sentencias firmes que reconocían tal derecho[6].

- **PLUS DE DISPONIBILIDAD.**—No es adecuado el proceso de tutela de derechos fundamentales para conocer de una reclamación sobre supresión del plus de disponibilidad, reconocido judicialmente como condición más beneficiosa, aunque pudiera considerarse como indicio de lesión de la garantía de indemnidad el historial de litigiosidad en torno a su pago, como quiera que el cese en su abono se produce con motivo de la publicación de un nuevo convenio colectivo, lo que desplaza el debate a una cuestión de legalidad ordinaria[7].

- **ACUMULACIÓN DE ACCIONES.**—En el proceso de tutela de la libertad sindical tiene cabida una acción de reparación o indemnización de los daños y perjuicios derivados de la infracción del concreto derecho constitucional que se denuncia[8].

- **RECLAMACIÓN DE DAÑOS Y PERJUICIOS.**—El proceso de tutela de derechos fundamentales es adecuado para reclamar una indemnización por el daño moral causado a una trabajadora víctima de acoso moral que previamente ha extinguido el contrato, en virtud de un acuerdo prejudicial en el que se acuerda la extinción y la indemnización correspondiente al amparo del art. 50 ET, con reserva por parte de la trabajadora de sus acciones por tutela de derechos fundamentales[9].

- **ACOSO MORAL.**—El proceso de tutela de derechos fundamentales es proceso idóneo para reclamar los daños y perjuicios por acoso moral, aunque haya existido un previo proceso por despido, concluido por conciliación, en el que no se ha

---

6.   STS de 30 abril 2014 (RJ 2014, 3857) (Ponente, Sr. Alarcón Caracuel).
7.   STS de 2 febrero 2021 (RJ 2021, 652) (Ponente, Sra. Arastey Sahún).
8.   STS de 25 enero 2005 (RJ 2005, 1513) (Ponente, Sr. Moliner Tamborero).
9.   STS de 9 mayo 2011 (RJ 2011, 4747) (Ponente, Sr. Moliner Tamborero).

solicitado la anulación del despido, ni se ha cuestionado la vulneración por la que se acciona separadamente[10].

- **FRENTE A ENTIDADES GESTORAS.**—El proceso de tutela de derechos fundamentales y libertades públicas es adecuado para ejercitar frente a las entidades gestoras de la Seguridad Social la acción de condena al abono del complemento de maternidad a un varón, no siendo exigible que dicha pretensión se sustancie a través de la modalidad procesal específica de Seguridad Social[11].

2. SUJETOS INTERVINIENTES

- **MINISTERIO FISCAL.**—*Doctrina general.*—La intervención del Ministerio Público en esta modalidad procesal es inexcusable, por lo que procede declarar la nulidad de todo lo actuado en el procedimiento de libertad sindical en el que el Ministerio Fiscal no fue parte[12].

- *Matización a la regla general:* No constituye infracción procesal, determinante de nulidad de actuaciones, la ausencia de personación del Ministerio público debidamente citado, en un proceso de tutela de derechos fundamentales[13].

- *Otra matización:* Tampoco determina la nulidad de actuaciones su falta de citación, en aquellos procesos en los que está en juego no un interés de parte, cuando no se formula protesta previa ni su ausencia ha determinado una real indefensión para las partes[14].

- **LITISCONSORCIO PASIVO NECESARIO.**—En los pleitos de acoso laboral achacado a otros trabajadores, es imprescindible

---

10. STS de 13 junio 2011 (RJ 2011, 5336) (Ponente, Sr. De Castro Fernández).
11. STS de 19 julio 2023 (RJ 2023, 4539) (Ponente, Sr. Sempere Navarro).
12. STS 26 diciembre 1996 (RJ 1996, rec. 403/96) (Ponente, Sr. Bris Montes).
13. STS 22 julio 2004 (RJ 2004, PROV. 276673) (Ponente, Sra. Calvo Ibarlucea).
14. **STS de 12 diciembre 2019** (RJ 2020, 188) (Ponente, Sra. Ureste García).

traerlos al pleito como demandados, sin que baste que lo sea la empresa, debiendo apreciarse de oficio los defectos sobre el particular[15].

- **REPRESENTANTES UNITARIOS.**—Está legitimado activamente el representante unitario para plantear una reclamación individual, por el cauce del proceso de tutela de libertad sindical, en relación con la negativa de la empresa a la utilización de su crédito horario o con la forma en que la empresa pretende reconocer su derecho a la utilización del crédito horario sindical[16].

3. SENTENCIA ESTIMATORIA

- **INDEMNIZACIÓN POR DAÑOS MORALES.**—*Doctrina Inicial:* la sentencia que aprecie lesión del derecho a la libertad sindical ha de condenar a la indemnización de los daños morales, sin necesidad de que se acredite un específico perjuicio, dado que éste se presume[17].

- *Doctrina actual:* Lo anterior no excluye que el demandante deba aportar al juez indicios o elementos suficientes que sustenten su concreta petición indemnizatoria; acreditada la violación del derecho, no es automática la aplicación de la indemnización de daños y perjuicios sino que precisa de la alegación de elementos objetivos, aunque sean mínimos, en los que se basa el cálculo[18].

---

15. STS 30 enero 2008 (RJ 2008, 2777; Sala general) (Ponente, Sr. Gil Suárez; Voto Particular concurrente de la Sra. Calvo Ibarlucea).
16. SSTS de 30 junio 2011 (RJ 2011, 6100) (Ponente, Sr. Gullón Rodríguez); 26 noviembre 2013 (RJ 2013, 8431)(Ponente, Sr. López García de la Serrana) y 19 diciembre 2013 (RJ 2013, 8353).
17. STS 9 junio 1993 (RJ 1993, 4553) (Ponente, Sr. Linares Lorente). En el mismo sentido, la STS 8 mayo 1995, pronunciada en recurso de casación ordinaria.
18. STS 20 enero 1997 (RJ 1997, 620) (Ponente, Sr. Salinas Molina), acogiendo la doctrina sentada en STS 22 julio 1996, recaída en recurso de casación

- GASTOS DE LETRADO.—la declaración de que se ha vulnerado un derecho no implica que haya de condenarse al abono de los gastos de Letrado al margen de las reglas sobre imposición de costas[19].

- REPERCUSIÓN DE LO PERCIBIDO COMO PRESTACIÓN POR DESEMPLEO.—El importe de la indemnización de daños y perjuicios por lesión de la garantía de indemnidad como consecuencia de la exclusión de listas o bolsas de empleo ha de ser la cantidad correspondiente al salario dejado de percibir durante el tiempo en que los trabajadores no estuvieron contratados, sin que proceda detraer las cantidades percibidas durante dicho período en concepto de prestación por desempleo[20].

- BAREMO.—La incapacidad temporal causada por la vulneración de derechos fundamentales puede ser indemnizada, conforme al baremo de accidentes de tráfico, como período impeditivo para el desempeño de la profesión habitual del perjudicado[21].

4.　OTROS ASPECTOS PROCESALES

- COMPETENCIA FUNCIONAL.—La Audiencia Nacional conoce de los procesos de tutela de libertad sindical con base en la constitución de una comisión provincial de empleo en Renfe, por ser su ámbito territorial superior al de la Comunidad Autónoma[22].

---

ordinaria. La doctrina se repite en SSTS 2 febrero 1998 (RJ 1998, 1251); 28 febrero 2000 (RJ 2000, 2242); 17 enero 2003 (RJ 2003, rec. 3650/2001); 21 julio 2003 (RJ 2003, 6941); 11 junio 2012 (PROV\2012\317444).

19.　SSTS 16 enero 2008 (RJ 2008, 460) (Ponente, Sr. Fuentes López) y 11 mayo 2012 (RJ 2012, 8120); 15 abril 2013 (RJ 2013, 5129).

20.　STS de 28 noviembre 2011 (RJ 2012, 1480) (Ponente, Sra. Segoviano Astaburuaga).

21.　STS de 27 diciembre 2011 (RJ 2012, 254) (Ponente, Sr. Gilolmo López).

22.　STS 11 noviembre 1998 (RJ 1998, rec. 338/98) (Ponente, Sr. Desdentado Bonete).

- PRESCRIPCIÓN.—La acción para impugnar un supuesto de movilidad geográfica, presuntamente antisindical, que no implica cambio de residencia, está sujeta al plazo general de prescripción de un año, no al de caducidad de veinte días hábiles[23].

- RECURRIBILIDAD.—Procede en todo caso el recurso de suplicación frente a la sentencia recaída en este proceso, incluso si versa sobre cuantía litigiosa inferior a 300.000 pesetas[24].

- SIMULTANEIDAD DE ACCIONES.—La pretensión de resarcimiento de daños y perjuicios no puede deducirse en el orden social de la jurisdicción si previamente se ha ejercitado la acción civil en el orden penal; aquélla deberá plantearse posteriormente, teniendo en cuenta que la acción penal interrumpe la prescripción de la reclamación de daños y perjuicios en el ámbito laboral, en el caso de no ser satisfecha en aquella vía[25].

---

23. SSTS 18 marzo 2003 (RJ 2003, 3650) (Ponente, Sr. Martínez Garrido); 16 abril 2003 (RJ 2003, PROV 118508).
24. STS 10 diciembre 1999 (RJ 1999, rec. 517/1999) (Ponente, Sr. Moliner Tamborero).
25. STS de 5 junio 2005 (RJ 2005, 8333) (Ponente, Sr. Iglesias Cabero).